21 femmes d'exception

La vie de combattantes pour la liberté qui ont repoussé les frontières : Angela Davis, Marie Curie, Jane Goodall et bien d'autres (livre de biographies pour les jeunes, les adolescents et les adultes)

Par Student Press Books

Table des matières

Introduction

Rencontrez les plus extraordinaires femmes de l'Histoire et des temps modernes — des biographies pour les 12 ans et plus.

Bienvenue dans la série Émancipation des femmes. Ce livre vous présente des personnalités féminines courageuses de l'Histoire et des temps modernes. Avec 21 Femmes d'Exception, ce livre réunit des biographies inspirantes de pionnières du monde entier.

De Marie Curie à Malala Yousafzai, ce livre rassemble les destinées des femmes les plus influentes et les plus inspirantes du monde, chacune ayant sa propre histoire. Une excellente lecture pour tous ceux qui s'intéressent à l'Histoire ou qui cherchent à prendre leur envol !

Levez la main quand on vous demande si vous aimez les histoires de femmes qui ont bouleversé le monde et qui méritent des applaudissements. Ces histoires qui portent un message puissant pour les garçons et les filles, les hommes et les femmes.

Certaines de ces femmes extraordinaires se sont élevées contre l'injustice et ont œuvré avec conviction pour l'égalité des sexes, sous toutes ses formes. D'autres sont décédées avant d'obtenir le droit de vote, mais beaucoup ont vécu assez longtemps pour assister au changement — dans les générations suivantes, et dans la législation d'aujourd'hui. Lisez ces histoires inspirantes faites d'épreuves et de victoires, contre la société, le patriarcat, la pauvreté ou l'esclavage.

Ce livre de la série Émancipation des femmes :

- Des biographies fascinantes — Découvrez des icônes célèbres, influentes et inspirantes comme Nellie Bly, Sacagawea et Jane Goodall, ainsi que des pionnières moins connues comme Ruby Bridges et Jane Austen.
- Des portraits vivants — Redonnez vivre ces femmes d'exception grâce à des photos ou des illustrations attrayantes.

À propos de la série : La **série Émancipation des femmes** de Student Press Books présente des perspectives nouvelles sur l'**autonomisation des femmes** qui inviteront les jeunes lecteurs à réfléchir à leur place dans une société de plus en plus diversifiée. Qui sera votre prochaine source d'inspiration ?

21 Femmes d'Exception va au-delà des autres livres de biographies sur l'émancipation des femmes en mettant en lumière des sujets et des personnes du monde entier et de toutes les époques. Il fait également un excellent cadeau pour une fille, une sœur, une nièce ou une petite-fille.

Votre cadeau

Vous avez un livre dans les mains.

Ce n'est pas n'importe quel livre, c'est un livre de Student Press Books ! Nous écrivons sur les héros noirs, les femmes qui prennent le pouvoir, la mythologie, la philosophie, l'histoire et d'autres sujets intéressants !

Puisque vous avez acheté un livre, nous voulons que vous en ayez un autre gratuitement.

Tout ce dont vous avez besoin, c'est d'une adresse électronique et de la possibilité de vous abonner à notre newsletter (ce qui signifie que vous pouvez vous désabonner à tout moment).

Alors, qu'attendez-vous ? Inscrivez-vous dès aujourd'hui et recevez votre livre gratuit instantanément ! Tout ce que vous avez à faire est de visiter le lien ci-dessous et d'entrer votre adresse e-mail. Vous recevrez immédiatement le lien pour télécharger la version PDF du livre afin de pouvoir le lire hors ligne à tout moment.

Et ne vous inquiétez pas, il n'y a pas d'attrape ou de frais cachés, juste un bon vieux cadeau de notre part ici à Student Press Books.

Visitez ce lien dès maintenant et inscrivez-vous pour recevoir votre exemplaire gratuit de l'un de nos livres !

Lien : **https://campsite.bio/studentpressbooks**

Malala Yousafzai (née en 1997)

Défenseur pakistanais de l'éducation

"Un enfant, un enseignant, un livre, un stylo peuvent changer le monde."

Alors qu'elle n'était qu'une adolescente, la militante pakistanaise Malala Yousafzai s'est élevée publiquement contre l'interdiction faite par les talibans d'éduquer les filles. Elle a attiré l'attention du monde entier lorsqu'elle a survécu à une tentative d'assassinat à l'âge de 15 ans. En 2014, Malala Yousafzai a reçu le prix Nobel de la paix pour ses efforts en faveur des droits de l'enfant.

Malala Yousafzai est née le 12 juillet 1997 à Mingora, dans la vallée de Swat, au Pakistan. Fille d'un éducateur et d'un activiste social au franc-parler, Malala Yousafzai était une excellente élève. Son père a créé et administré l'école qu'elle fréquentait et l'a encouragée à suivre sa voie.

En 2007, la vallée de Swat, autrefois une destination de vacances, a été envahie par les talibans. Dirigés par Maulana Fazlullah, les talibans pakistanais ont commencé à imposer une loi islamique stricte. Ils ont également détruit ou fermé les écoles de filles, interdit aux femmes tout rôle actif dans la société et perpétré des attentats-suicides. Yousafzai et sa famille ont fui la région pour leur sécurité, mais ils sont revenus lorsque les tensions et les violences se sont apaisées.

Le 1er septembre 2008, alors que Malala Yousafzai avait 11 ans, son père l'a emmenée dans un club de presse local à Peshawar, au Pakistan, pour protester contre la fermeture des écoles. C'est là qu'elle a prononcé son premier discours - Comment les talibans osent-ils me priver de mon droit fondamental à l'éducation ? Ce discours a été diffusé dans tout le Pakistan.

Vers la fin de 2008, les talibans ont annoncé que toutes les écoles de filles de Swat seraient fermées le 15 janvier 2009. La British Broadcasting Corporation (BBC) a contacté le père de Yousafzai à la recherche d'une personne qui pourrait écrire pour eux un blog sur ce que c'était que de vivre sous le régime taliban. Sous le nom de Gul Makai, Yousafzai a commencé à écrire régulièrement des articles sur sa vie quotidienne pour la BBC Urdu. De janvier à début mars de cette année-là, elle a écrit 35 articles qui ont également été traduits en anglais. Pendant ce temps, les talibans ont fermé toutes les écoles de filles de Swat et fait exploser plus de 100 d'entre elles.

En février 2009, Malala Yousafzai a fait sa première apparition à la télévision. Elle a été interviewée par le journaliste pakistanais et animateur de talk-show Hamid Mir dans l'émission d'actualité pakistanaise Capital Talk. Fin février, les talibans, réagissant à une réaction de plus en plus vive dans tout le Pakistan, ont accepté un cessez-le-feu. Ils ont levé les restrictions imposées aux filles et les ont autorisées à aller à l'école à condition qu'elles portent des burkas (un vêtement qui couvre le corps de la tête aux pieds et voile le visage). Toutefois, la violence a resurgi quelques mois plus tard.

La famille Yousafzai a été contrainte de se réfugier en dehors de Swat jusqu'à ce que l'armée pakistanaise parvienne à chasser les talibans. Au début de 2009, le journaliste Adam Ellick du New York Times a travaillé avec Yousafzai pour réaliser un documentaire intitulé Class Dismissed. Il s'agissait d'un reportage de 13 minutes sur la fermeture de l'école. Ellick a réalisé un deuxième film avec elle, intitulé A Schoolgirl's Odyssey. Le New York Times a publié les deux films sur son site Web en 2009. Cet été-là, Mme Yousafzai a rencontré l'envoyé spécial des États-Unis pour l'Afghanistan et le Pakistan, Richard Holbrooke. Elle lui a demandé de l'aider dans ses efforts pour protéger l'éducation des filles au Pakistan.

Avec les apparitions continues de Yousafzai à la télévision et sa couverture dans les médias locaux et internationaux, il est devenu évident en décembre 2009 qu'elle était la jeune blogueuse de la BBC. Une fois son identité connue, elle a commencé à recevoir une large reconnaissance pour son activisme. En octobre 2011, elle a été nommée par le militant des droits de l'homme Desmond Tutu pour le Prix international de la paix pour les enfants. En décembre de la même année, elle a reçu le premier Prix national de la paix pour la jeunesse du Pakistan (rebaptisé plus tard Prix national de la paix Malala).

Le 9 octobre 2012, Malala Yousafzai a reçu une balle dans la tête d'un taliban alors qu'elle rentrait de l'école. Fazlullah et les talibans pakistanais ont assumé la responsabilité de la tentative d'attentat contre sa vie. Elle a survécu à l'attaque et a été transportée par avion de Peshawar à Birmingham, en Angleterre, pour y être opérée. L'incident a suscité des protestations, et sa cause a été reprise dans le monde entier. L'envoyé spécial des Nations unies pour l'éducation mondiale, Gordon Brown, a lancé une pétition demandant que tous les enfants du monde retournent à l'école d'ici 2015. Cette pétition a conduit à la ratification de la première loi sur le droit à l'éducation au Pakistan.

En décembre 2012, le président pakistanais Asif Ali Zardari a annoncé le lancement d'un fonds d'éducation de 10 millions de dollars en l'honneur de Yousafzai. À peu près au même moment, le Fonds Malala a été créé par le partenariat mondial Vital Voices pour soutenir l'éducation de toutes les filles dans le monde.

Pendant ce temps, Malala Yousafzai continue de se remettre de ses blessures par balle. Elle est restée avec sa famille à Birmingham, où elle a fini par reprendre ses études et son activisme. Sa première apparition publique après avoir été blessée par balle a eu lieu le 12 juillet 2013, jour de son 16e anniversaire.

Yousafzai s'est adressée à un public de 500 personnes à l'ONU, à New York. Parmi ses nombreuses récompenses, Yousafzai a remporté en 2013 le prix des droits de l'homme des Nations unies, décerné tous les cinq ans. La même année, elle a été désignée comme l'une des personnes les plus influentes du magazine Time et est apparue sur l'une des sept couvertures imprimées pour ce numéro.

En 2013, Yousafzai est devenue la plus jeune candidate au prix Nobel de la paix. Bien qu'elle ne l'ait pas reçu alors, le comité le lui a décerné en 2014. Elle est ainsi devenue la plus jeune personne à remporter le prix. En 2014 également, Yousafzai est devenue la plus jeune personne à recevoir la médaille de la liberté. Le National Constitution Center de Philadelphie, en Pennsylvanie, la décerne à des personnalités publiques qui luttent pour la liberté des peuples dans le monde entier.

Points forts

- Malala Yousafzai a attiré l'attention du monde entier lorsqu'elle a survécu à une tentative d'assassinat à l'âge de 15 ans.
- En octobre 2011, elle a été nominée par le militant des droits de l'homme Desmond Tutu pour le Prix international de la paix pour les enfants.
- En 2014, Yousafzai et Kailash Satyarthi ont reçu conjointement le prix Nobel de la paix en reconnaissance de leurs efforts en faveur des droits des enfants.
- En juillet 2015, avec le soutien du Fonds Malala, elle a ouvert une école de filles au Liban pour les réfugiés de la guerre civile syrienne.
- Elle a évoqué son travail avec les réfugiés ainsi que son propre déplacement dans We Are Displaced (2019).

Questions de recherche

---

1. Si vous pouviez échanger votre place avec quelqu'un pendant une journée, qui serait-ce et pourquoi ?

2. Quelle est votre citation inspirante préférée et pourquoi l'aimez-vous tant ?
3. Quelles sont les personnes ou les figures dans les médias qui, selon vous, inspirent vraiment les jeunes femmes d'aujourd'hui ?

Angela Davis (née en 1944)

Activiste politique et auteur afro-américain

"Dans une société raciste, il ne suffit pas d'être non-raciste, il faut être antiraciste."

Angela Davis, militante noire américaine, a prononcé des discours et participé à des collectes de fonds pour des causes révolutionnaires. Elle a acquis une réputation internationale pendant son emprisonnement et son procès pour conspiration en 1970-1972. Angela Davis a été membre du Black Panther Party (un parti révolutionnaire afro-américain), du Student Nonviolent Coordinating Committee (un groupe d'étudiants opposés au racisme et à la guerre du Vietnam) et du Che-Lumumba Club (une faction afro-américaine du Parti communiste).

Angela Yvonne Davis est née le 26 janvier 1944 à Birmingham, en Alabama. De 1961 à 1967, elle fait des études supérieures dans son pays et à l'étranger. En tant que candidate au doctorat à l'université de Californie à San Diego, elle a étudié avec le professeur marxiste Herbert

Marcuse. Elle finit par devenir professeur de philosophie sur le campus de l'université à Los Angeles. Toutefois, en raison de ses opinions politiques, son contrat n'est pas renouvelé en 1970.

En 1991, Angela Davis est devenue professeur dans le domaine de l'histoire de la conscience à l'université de Californie à Santa Cruz. En 1995, au milieu de nombreuses controverses, Angela Davis est nommée titulaire d'une chaire présidentielle. Angela Davis est devenue professeur émérite en 2008.

Dans les années 1960 et 1970, Davis a défendu la cause des prisonniers noirs. Elle s'est particulièrement attachée à un jeune révolutionnaire, George Jackson. Pendant son procès en août 1970, une tentative d'évasion et d'enlèvement a lieu dans le Hall of Justice du comté de Marin, en Californie. Le frère de Jackson et trois autres personnes, dont le juge du procès, sont tués.

Les autorités soupçonnant Angela Davis d'être impliquée, elle est recherchée pour être arrêtée et devient l'une des criminelles les plus recherchées par le Federal Bureau of Investigation. Arrêtée à New York (New York) en octobre, elle est renvoyée en Californie pour y être accusée d'enlèvement, de meurtre et de complot ; Angela Davis est acquittée de tous les chefs d'accusation par un jury exclusivement composé de Blancs.

Points forts

- Angela Davis, en abrégé Angela Yvonne Davis, (née le 26 janvier 1944 à Birmingham, Ala., États-Unis), militante américaine de la cause noire qui a acquis une réputation internationale lors de son emprisonnement et de son procès pour conspiration en 1970-1972.
- En raison de ses opinions politiques et malgré d'excellents résultats en tant qu'enseignante au campus de Los Angeles de l'université, le California Board of Regents a refusé en 1970 de renouveler sa nomination en tant que maître de conférences en philosophie.
- En 1991, cependant, Davis est devenu professeur dans le domaine de l'histoire de la conscience à l'université de Californie, à Santa Cruz.

- En 1974, elle a publié Angela Davis : An Autobiography (réédité en 1988).

Questions de recherche

---

1. Si vous pouviez parler à une femme célèbre de l'histoire, qui ce serait et quels conseils lui donneriez-vous ?
2. Quelle femme célèbre a été votre plus forte influence féminine dans la vie ? Pourquoi avez-vous choisi cette personne ?
3. Pensez-vous que les femmes leaders puissantes sont nées ou ont été créées ? Selon vous, quelles sont les qualités qui distinguent ce type de personnes des autres dans le même domaine ?

Mae Jemison (née en 1956)

Médecin américain et astronaute de la NASA

"Ne vous limitez jamais à cause de l'imagination limitée des autres ; ne limitez jamais les autres à cause de votre propre imagination limitée."

Médecin et ingénieur de formation, Mae Jemison a été la première femme afro-américaine à devenir astronaute. En 1992, elle a passé huit jours en orbite autour de la Terre en tant que spécialiste de mission scientifique à bord de la navette spatiale Endeavour.

Mae Carol Jemison est née le 17 octobre 1956 à Decatur, en Alabama, la plus jeune de trois enfants. Son père était ouvrier d'entretien et sa mère était institutrice. Lorsque Jemison a trois ans, la famille déménage à Chicago, dans l'Illinois.

Les Jemison encouragent les intérêts variés de leur fille cadette, qui incluent l'anthropologie, l'archéologie, l'évolution et l'astronomie, ainsi que la danse. Mae Jemison a obtenu son diplôme de fin d'études secondaires à l'âge de 16 ans et est entrée à l'université de Stanford en Californie, où elle a obtenu en 1977 des diplômes de premier cycle en génie chimique et en études afro-américaines.

La même année, Mae Jemison commence des études de médecine à l'université Cornell de New York. Elle s'intéresse particulièrement à la médecine internationale et se porte volontaire pour travailler pendant un été dans un camp de réfugiés cambodgiens en Thaïlande. En 1979, elle a étudié au Kenya. Après avoir obtenu son diplôme de médecine en 1981, Mae Jemison a travaillé brièvement comme médecin généraliste à Los Angeles, en Californie, avant de rejoindre le Corps de la Paix américain.

De 1983 à 1985, Mae Jemison a servi en tant que médecin du Corps de la Paix dans les pays africains de la Sierra Leone et du Liberia, fournissant des soins médicaux au Corps de la Paix et au personnel des ambassades américaines. Pendant son séjour en Afrique, elle a également mené des recherches pour les National Institutes of Health et les Centers for Disease Control.

Lorsque Mae Jemison est rentrée aux États-Unis en 1985, elle a repris son travail de médecin généraliste. Jemison a également étudié l'ingénierie en vue de sa candidature au programme de formation des astronautes de la National Aeronautics and Space Administration (NASA). En octobre 1986, elle apprend que, sur 2 000 candidats, elle fait partie des 15 sélectionnés pour le programme de formation des astronautes.

Après avoir terminé sa formation de spécialiste de mission de la navette spatiale en 1988, Jemison a commencé à travailler comme membre de l'équipe de soutien pour les missions de la navette au Centre spatial Kennedy à Cap Canaveral, en Floride. En septembre 1992, Jemison a servi en tant que spécialiste de mission à bord de la navette spatiale Endeavour pour la mission STS-47 Spacelab J.

Mae Jemison a mené des expériences sur les effets de l'apesanteur sur la biologie humaine et animale. Au moment de son vol, elle était la seule femme astronaute afro-américaine.

Jemison a quitté la NASA en mars 1993 pour créer sa propre entreprise, le Jemison Group. Cette société développe des technologies avancées dans les domaines des soins de santé, de la production alimentaire et de la protection de l'environnement, qui sont spécifiquement destinées à être utilisées dans les pays en développement. BioSentient Corporation, une société fondée par Jemison en 1999, développe des équipements de surveillance de la santé que les patients peuvent porter sur leur corps.

De 1995 à 2002, Mae Jemison a enseigné les études environnementales au Dartmouth College. Elle a reçu de nombreux prix et diplômes honorifiques. Son livre, Find Where the Wind Goes : Moments from My Life (2001), constitue un récit autobiographique de son enfance et de sa jeunesse.

Points forts

- Mae Jemison, de son vrai nom Mae Carol Jemison, (née le 17 octobre 1956 à Decatur, Alabama, États-Unis), médecin américain et première femme afro-américaine à devenir astronaute.
- En 1977, Jemison entre à l'école de médecine de l'université Cornell à Ithaca, New York, où elle s'intéresse à la médecine internationale.
- Elle a obtenu son diplôme de médecine en 1981 et, après une courte période en tant que médecin généraliste dans un groupe médical de Los Angeles, elle est devenue médecin militaire pour le Peace Corps en Afrique de l'Ouest.
- En 1992, elle a passé plus d'une semaine en orbite autour de la Terre à bord de la navette spatiale Endeavour. À l'époque, elle était la seule femme astronaute afro-américaine.

Questions de recherche

---

1. Quelle est votre héroïne personnelle qui vous inspire et vous motive chaque jour à ne pas avoir peur, à être courageuse, à vous donner les moyens d'agir et à être forte d'esprit ?

2. Où pensez-vous que nous serions aujourd'hui, si ces femmes intrépides n'avaient pas été là ?
3. Combien de batailles ces femmes ont-elles perdues avant de gagner la guerre contre le patriarcat ?

Anne Carroll Moore (1871-1961)

Éducateur, écrivain et défenseur américain des bibliothèques pour enfants.

En reconnaissance de son travail de pionnière auprès des enfants et de ses nombreux efforts pour améliorer et promouvoir la littérature pour enfants, Anne Carroll Moore a reçu la médaille Regina de la Catholic Library Association en 1960. En tant que première superviseuse du travail avec les enfants pour la bibliothèque publique de New York, Moore a contribué à promouvoir les bibliothèques publiques en tant que lieux adaptés aux enfants.

Anne Carroll Moore est née le 12 juillet 1871 à Limerick, dans le Maine. Après avoir obtenu son diplôme à la Bradford Academy en 1891, elle avait l'intention d'étudier le droit sous la direction de son père, mais une épidémie de grippe a tué ses deux parents en 1892.

Anne Carroll Moore passe les années suivantes à s'acquitter de ses responsabilités familiales, mais finit par étudier la bibliothéconomie au Pratt Institute de Brooklyn, N.Y. Après avoir obtenu son diplôme en 1896,

Moore devient bibliothécaire pour enfants à la Pratt Institute Free Library, la première bibliothèque construite avec une salle spécialement conçue pour le travail des enfants.

Moore a quitté Pratt en 1906 pour travailler à la bibliothèque publique de New York. Elle a créé des salles de lecture colorées et accueillantes où les enfants pouvaient explorer des livres choisis avec soin sur des sujets variés et se réunir pour des heures de lecture régulières.

Anne Carroll Moore a visité toutes les succursales du système de bibliothèques de New York pour apprendre au personnel à travailler avec les enfants et pour évaluer la taille et la qualité des collections pour enfants. Des visiteurs du monde entier venaient observer la bibliothèque et retournaient dans leurs propres communautés, désireux de mettre en place des modèles similaires. Lorsqu'elle prit sa retraite en 1941, Mme Moore choisit Frances Clarke Sayers comme successeur. Cette dernière écrira plus tard sur son célèbre mentor dans Anne Carroll Moore : A Biography (1972).

Anne Carroll Moore est devenue l'un des premiers critiques de livres pour enfants lorsqu'on lui a demandé, en 1918, de rédiger des critiques pour le magazine mensuel The Bookman. Elle a ensuite édité une page hebdomadaire sur les livres pour enfants pour le New York Herald Tribune et a contribué à The Atlantic Monthly et The Horn Book Magazine. Ses séries de livres "Roads to Childhood" et "Three Owls" contiennent également des critiques de la littérature pour enfants.

Auteur de talent, Moore a été finaliste de la médaille Newbery 1925 pour Nicholas : A Manhattan Christmas Story (1924), un livre pour enfants inspiré d'un petit Hollandais en bois sculpté à la main qui lui avait été offert. Une suite, Nicholas and the Golden Goose, a été publiée en 1932.

Moore a également édité le Knickerbocker's History of New York de Washington Irving (1928) et The Bold Dragoon and Other Ghostly Tales (1930) ; il a écrit une appréciation pour The Art of Beatrix Potter (1955) et a créé des listes de lecture pour diverses éditions de Pictured Encyclopedia de Compton.

Anne Carroll Moore a reçu de nombreux prix pour ses réalisations, notamment des doctorats honorifiques de Pratt et de l'université du

Maine. La Women's National Book Association l'a nommée première récipiendaire de sa Constance Lindsay Skinner Memorial Medal. Moore est décédée le 20 janvier 1961 à New York.

Questions de recherche

---

1. Quelle est votre femme préférée, inspirante, extraordinaire ou intrépide ?
2. Quelles paroles de sagesse diriez-vous aux jeunes femmes pour les encourager à prendre des risques ?
3. Pour qui avez-vous beaucoup de respect au sein de la population féminine ?

Rosa L. Parks (1913-2005)

Militant afro-américain des droits civiques

"Vous ne devez jamais avoir peur de ce que vous faites quand c'est bien."

En refusant de céder son siège de bus à un homme blanc dans le Sud ségrégationniste, Rosa Parks a déclenché le mouvement des droits civiques aux États-Unis. Son action a conduit au boycott des bus de Montgomery, en Alabama, de 1955 à 1956, et elle est devenue un symbole du pouvoir de la protestation non violente.

Rosa Louise McCauley est née le 4 février 1913 à Tuskegee, en Alabama. Elle a brièvement fréquenté l'Alabama State Teachers College (aujourd'hui Alabama State University) et a épousé en 1932 Raymond Parks, un barbier. Parks travaille comme couturière et devient active au sein de la National Association for the Advancement of Colored People (NAACP), occupant le poste de secrétaire de la section de Montgomery de 1943 à 1956.

Un jour de 1955, alors qu'elle rentrait chez elle après le travail, Rosa Parks s'est vu demander par un chauffeur de bus de céder son siège à un homme blanc. Lorsqu'elle a refusé, elle a été arrêtée et condamnée à une amende, une action qui a incité les dirigeants noirs locaux à agir.

Le leader émergent des droits civiques, Martin Luther King, Jr, a mené un boycott de la compagnie de bus qui a duré plus d'un an. En 1956, la Cour suprême des États-Unis a confirmé la décision d'un tribunal inférieur déclarant inconstitutionnelle la ségrégation des sièges dans les bus de Montgomery.

Rosa Parks s'est installée à Detroit, dans le Michigan, en 1957. Elle a travaillé dans le bureau de John Conyers, Jr, membre du Congrès du Michigan, de 1965 jusqu'à sa retraite en 1988. Elle est restée active au sein de la NAACP et d'autres groupes de défense des droits civiques. Le Southern Christian Leadership Council a créé le Rosa Parks Freedom Award en son honneur et, en 1979, la NAACP lui a décerné sa médaille Spingarn.

En 1987, Rosa Parks a cofondé un institut pour aider à éduquer les jeunes et leur enseigner des compétences de leadership. Son autobiographie, Rosa Parks : My Story, a été publiée en 1992. Rosa Parks a reçu deux des distinctions civiles les plus prestigieuses du gouvernement américain - la médaille présidentielle de la liberté (1996) et la médaille d'honneur du Congrès (1999) - pour sa contribution au mouvement des droits civiques. Parks est décédée le 24 octobre 2005 à Détroit.

Points forts

- À l'âge de deux ans, peu après la naissance de son petit frère Sylvester, ses parents décident de se séparer. Séparés de leur père à partir de ce moment-là, les enfants déménagent avec leur mère pour vivre dans la ferme de leurs grands-parents maternels à Pine Level, Alabama, près de Montgomery.
- En 1932, à l'âge de 19 ans, Rosa épouse Raymond Parks, un barbier et un militant des droits civiques, qui l'encourage à retourner au lycée et à obtenir un diplôme.
- En 1987, elle a cofondé le Rosa and Raymond Parks Institute for Self-Development (Institut Rosa et Raymond Parks pour

l'épanouissement personnel) afin de proposer une formation professionnelle aux jeunes et d'offrir aux adolescents la possibilité de découvrir l'histoire du mouvement des droits civiques.

Questions de recherche

---

1. Connaissez-vous beaucoup de femmes qui n'ont peur de rien ou qui sont une source d'inspiration ?
2. Quelles sont vos femmes préférées dans l'histoire ?
3. Quelle est la femme que vous connaissez qui vous inspire et pourquoi ?

Nellie Bly (1867-1922)

Journaliste, industriel, inventeur et bénévole américain.

"L'énergie correctement appliquée et dirigée peut tout accomplir."

Un jour de 1885, une jeune fille de 18 ans entre dans les bureaux du Dispatch de Pittsburgh et se présente comme Elizabeth Cochrane. Elle a dit qu'elle avait écrit une lettre, que le Dispatch avait publiée, sur les rôles plus actifs des femmes dans la vie. Sur la base de cette lettre, elle a demandé un emploi.

Mlle Cochrane est engagée et prend comme nom de plume Nellie Bly, d'après la chanson du même nom du compositeur américain Stephen Foster. Bly allait devenir célèbre pour ses reportages sensationnels et réformateurs.

Rédactrice vedette, Nellie Bly a préparé des articles sur des sujets tels que le divorce, la vie dans les bidonvilles et la vie au Mexique. Elle a écrit un livre sur ses voyages au Mexique. Employée par le New York World en 1887, elle simule la folie pour être admise dans un asile sur l'île de Blackwell. Son exposé sur les conditions de vie dans cet établissement a permis d'améliorer les soins prodigués aux patients.

En 1889 et 1890, Nellie Bly a fait le tour du monde pour battre le record de Phileas Fogg, héros fictif du roman Le tour du monde en quatre-vingts jours de Jules Verne. À son retour à New York, Bly reçoit un accueil tumultueux, ayant fait le tour du monde en 72 jours, 6 heures, 11 minutes et 14 secondes.

Nellie Bly est née Elizabeth Cochrane, ou Cochran, le 5 mai 1867, à Cochran's Mills, en Pennsylvanie, ville qui porte le nom de sa famille. Elle abandonne sa carrière d'écrivain en 1895 pour épouser le millionnaire Robert Seaman. Après la mort de ce dernier en 1904, elle gère ses intérêts commerciaux jusqu'à la faillite de Nellie Bly. En 1920, Bly reprend son travail de journaliste au New York Journal. Nellie Bly est morte à New York le 27 janvier 1922.

Points forts

- Nellie Bly, pseudonyme d'Elizabeth Cochrane, a commencé sa carrière en 1885 dans sa Pennsylvanie natale en tant que reporter pour le Pittsburgh Dispatch, auquel elle avait envoyé une lettre de colère au rédacteur en chef en réponse à un article que le journal avait publié sous le titre "What Girls Are Good For" (pas grand-chose, selon l'article).
- Ses premiers articles, sur les conditions de vie des jeunes filles ouvrières à Pittsburgh, la vie dans les bidonvilles et d'autres sujets similaires, l'ont marquée comme une journaliste ingénieuse et concernée.
- Le livre de Nellie Bly : Around the World in Seventy-two Days (1890) est un grand succès populaire, et le nom de Nellie Bly devient synonyme de reporter vedette féminin.

Questions de recherche

1. Quelle est la première fois que vous avez pensé au sexisme et à la façon dont il affecte les femmes que nous ne connaissons pas ou que nous n'avons pas encore rencontrées ?
2. Comment ces femmes vous aident-elles à ne pas avoir peur et à croire en vous ?
3. Avez-vous déjà eu l'impression que quelqu'un essayait de vous décourager de réaliser quelque chose de grand ? Comment faites-vous face à cette situation ?

Marie Curie (1867-1934)

Première femme à remporter un prix Nobel

"Rien dans la vie n'est à craindre, il faut seulement le comprendre. Le moment est venu de comprendre davantage, afin d'avoir moins peur."

Physicienne française d'origine polonaise, Marie Curie était célèbre pour ses travaux sur la radioactivité et a été deux fois lauréate du prix Nobel. Avec Henri Becquerel et son mari, Pierre Curie, elle a reçu le prix Nobel de physique en 1903.

Marie Curie est l'unique lauréate du prix Nobel de chimie de 1911. Marie a été la première femme à remporter un prix Nobel, et elle est la seule femme à avoir remporté le prix dans deux domaines différents.

Maria Salomea Sklodowska est née le 7 novembre 1867 à Varsovie, dans ce qui était alors le Royaume de Pologne, Empire russe. Dès l'enfance, elle se distingue par une mémoire prodigieuse et, à l'âge de 16 ans, elle obtient une médaille d'or à l'issue de ses études secondaires au lycée russe.

Son père, professeur de mathématiques et de physique, ayant perdu ses économies à la suite d'un mauvais investissement, Marie a dû accepter un emploi d'enseignante et, en même temps, participer clandestinement à l'"université libre" nationaliste, en faisant la lecture en polonais aux ouvrières.

À l'âge de 18 ans, Marie Curie accepte un poste de gouvernante, où elle vit une histoire d'amour malheureuse. Cependant, grâce à ses revenus, elle a pu financer les études de médecine de sa sœur Bronislawa à Paris, en France, étant entendu que Bronislawa l'aiderait à son tour à faire des études.

En 1891, Sklodowska se rend à Paris et - sous le nom de Marie - commence à suivre les cours de Paul Appel, Gabriel Lippmann et Edmond Bouty à l'université de la Sorbonne. Sklodowska travaille jusque tard dans la nuit et obtient des diplômes en physique et en mathématiques. C'est au printemps 1891 qu'elle rencontre Pierre Curie.

Leur mariage (25 juillet 1895) marque le début d'une collaboration qui va bientôt aboutir à des résultats d'importance mondiale, notamment la découverte du polonium (appelé ainsi par Marie en l'honneur de son pays natal) à l'été 1898 et celle du radium quelques mois plus tard.

Suite à la découverte par Henri Becquerel (1896) d'un nouveau phénomène (qu'elle appellera plus tard "radioactivité"), Marie Curie, à la recherche d'un sujet de thèse, décide de vérifier si la propriété découverte dans l'uranium se retrouve dans d'autres matières. Curie découvre que c'est le cas du thorium en même temps que Gerhard Carl Schmidt.

En se tournant vers les minéraux, elle s'est intéressée à la pechblende. La pechblende, un minéral dont l'activité est supérieure à celle de l'uranium pur, ne pouvait s'expliquer que par la présence dans le minerai de petites quantités d'une substance inconnue de très haute activité. Pierre Curie rejoint alors Marie dans les travaux qu'elle a entrepris pour résoudre ce problème et qui aboutissent à la découverte des nouveaux éléments, le polonium et le radium.

Alors que Pierre Curie se consacre principalement à l'étude physique des nouveaux rayonnements, Marie Curie s'efforce d'obtenir du radium pur à l'état métallique, avec l'aide du chimiste André-Louis Debierne, un élève de Pierre Curie. Grâce aux résultats de ces recherches, Marie Curie obtient son doctorat ès sciences en juin 1903 et reçoit, avec Pierre, la médaille Davy de la Royal Society. Toujours en 1903, ils partagent avec Becquerel le prix Nobel de physique pour la découverte de la radioactivité.

La naissance de ses deux filles, Irène et Ève, en 1897 et 1904, n'interrompt pas le travail scientifique intensif de Marie. Elle est nommée maître de conférences en physique (1900) à l'École normale supérieure de jeunes filles de Sèvres, en France, et y introduit une méthode d'enseignement basée sur des démonstrations expérimentales. Elle est nommée assistante en chef du laboratoire, dirigé par Pierre Curie, en décembre 1904.

La mort soudaine de Pierre Curie (19 avril 1906) est un coup dur pour Marie Curie, mais c'est aussi un tournant décisif dans sa carrière : désormais, elle va consacrer toute son énergie à mener à bien, seule, l'œuvre scientifique qu'ils ont entreprise.

Le 13 mai 1906, Marie Curie est nommée au poste de professeur laissé vacant à la mort de son mari ; elle est la première femme à enseigner à la Sorbonne. En 1908, elle devient professeur titulaire et en 1910, son traité fondamental sur la radioactivité est publié.

En 1911, elle reçoit le prix Nobel de chimie pour l'isolement du radium pur. En 1914, Marie Curie voit l'achèvement de la construction des laboratoires de l'Institut du Radium à l'Université de Paris.

Tout au long de la Première Guerre mondiale, Marie Curie, avec l'aide de sa fille Irène, se consacre au développement de l'utilisation de la radiographie X. En 1918, l'Institut du radium, dont Irène fait partie, commence à fonctionner sérieusement. En 1918, l'Institut du radium, dont Irène avait rejoint le personnel, commença à fonctionner sérieusement et devint un centre universel de physique et de chimie nucléaires.

Marie Curie, alors au sommet de sa gloire et, à partir de 1922, membre de l'Académie de médecine, consacre ses recherches à l'étude de la chimie des substances radioactives et aux applications médicales de ces substances.

En 1921, accompagnée de ses deux filles, Marie Curie fait un voyage triomphal aux États-Unis, où le président Warren G. Harding lui remet un gramme de radium acheté grâce à une collecte auprès de femmes américaines.

Marie Curie donne des conférences, notamment en Belgique, au Brésil, en Espagne et en Tchécoslovaquie. Elle est nommée membre de la Commission internationale de coopération intellectuelle par le Conseil de la Société des Nations. Par ailleurs, elle a la satisfaction de voir se développer la Fondation Curie à Paris et en Pologne l'inauguration en 1932 à Varsovie de l'Institut du Radium, dont sa sœur Bronislawa devient la directrice.

L'une des réalisations exceptionnelles de Marie Curie est d'avoir compris la nécessité d'accumuler des sources radioactives intenses, non seulement pour traiter les maladies, mais aussi pour maintenir un stock abondant pour la recherche en physique nucléaire ; le stock ainsi constitué a été un instrument inégalé jusqu'à l'apparition, après 1930, des accélérateurs de particules.

L'existence à Paris, à l'Institut du radium, d'un stock de 1,5 gramme de radium dans lequel s'étaient accumulés, pendant plusieurs années, du radium D et du polonium, a contribué de manière décisive au succès des expériences entreprises vers 1930, et notamment de celles menées par Irène Curie avec Frédéric Joliot, qu'elle avait épousé en 1926. Ces travaux ont préparé la voie à la découverte du neutron par Sir James Chadwick et, surtout, à la découverte en 1934 par Irène et Frédéric Joliot-Curie de la radioactivité artificielle.

Quelques mois après cette découverte, Curie est décédée des suites d'une leucémie provoquée par l'action des radiations. Sa contribution à la physique avait été immense, non seulement dans ses propres travaux, dont l'importance avait été démontrée par l'attribution de deux prix Nobel, mais aussi en raison de son influence sur les générations suivantes de physiciens et de chimistes nucléaires.

Marie Curie est morte le 4 juillet 1934, près de Sallanches, en France. En 1995, ses cendres ont été inhumées au Panthéon à Paris ; elle a été la première femme à recevoir cet honneur pour ses propres réalisations. Son bureau et son laboratoire dans le pavillon Curie de l'Institut du radium sont conservés sous la forme du musée Curie.

Points forts

- Marie Curie était une physicienne française d'origine polonaise, célèbre pour ses travaux sur la radioactivité et deux fois lauréate du prix Nobel.
- Avec Henri Becquerel et son mari, Pierre Curie, elle a reçu le prix Nobel de physique en 1903.
- Elle est l'unique lauréate du prix Nobel de chimie en 1911.
- Marie Curie a été la première femme à recevoir un prix Nobel, et elle est la seule femme à avoir remporté le prix dans deux domaines différents.

Questions de recherche

---

1. Quelle est votre définition d'une femme qui a fait quelque chose avec force et individualité ?
2. Avez-vous déjà rencontré des femmes qui ont changé le monde d'une manière ou d'une autre, ou qui sont simplement des héroïnes locales ?
3. Pensez-vous que les femmes ont des qualités différentes de celles des hommes ?

Sacagawea (1788?-1812 ?)

Interprète et guide amérindien

"Incroyable les choses qu'on trouve quand on prend la peine de les chercher."

Une adolescente nommée Sacagawea a servi d'interprète pour l'expédition Lewis et Clark dans l'ouest des États-Unis. Elle était une Indienne Lemhi Shoshone. Elle a parcouru des milliers de kilomètres dans la nature sauvage avec les explorateurs, des Dakotas à l'océan Pacifique et retour. De nombreux monuments commémoratifs ont été érigés en son honneur, en partie pour la force d'âme avec laquelle elle a affronté les difficultés de ce difficile voyage.

Il est difficile de séparer les faits de la légende dans la vie de Sacagawea. Les historiens ne s'accordent pas sur les dates de sa naissance et de sa mort, ni même sur son nom. Une version de son nom, Sacagawea, signifie "femme oiseau" en langue hidatsa. Son nom est aussi parfois orthographié Sacajawea ou Sakakawea. On pense qu'elle est née vers 1788, près de la ligne de partage des eaux, à l'actuelle frontière entre l'Idaho et le Montana. Vers 1800, alors qu'elle avait environ 12 ans, un groupe d'Indiens Hidatsa l'a capturée près du cours supérieur du fleuve Missouri.

Les Hidatsa firent de Sacagawea une esclave et l'emmenèrent dans les villages Mandan-Hidatsa près de ce qui est aujourd'hui Bismarck, N.D. Vers 1804, elle devint l'une des épouses du commerçant de fourrures canadien-français Toussaint Charbonneau. (Sacagawea a peut-être été vendue à ce dernier).

Les explorateurs Meriwether Lewis et William Clark arrivent aux villages Mandan-Hidatsa et y construisent un fort pour y passer l'hiver. Ils engagent Charbonneau comme interprète pour les aider à parler avec les différents peuples indiens qu'ils rencontreront au cours de leur expédition. Cependant, il ne parle pas le shoshone. L'expédition aurait besoin de communiquer avec les Shoshone pour acquérir des chevaux afin de traverser les montagnes. Pour cette raison, les explorateurs ont convenu que Sacagawea, enceinte, devrait également les accompagner. Le 11 février 1805, elle donna naissance à un fils, Jean Baptiste.

Sacagawea a emmené son nourrisson dans l'expédition, qui est partie le 7 avril sur la rivière Missouri. Le 14 mai, Charbonneau a failli faire chavirer la pirogue dans laquelle se trouvait Sacagawea. Restant calme, Sacagawea a récupéré des papiers importants, des instruments, des médicaments et d'autres objets de valeur qui auraient été perdus. Sacagawea s'est également révélée être un atout important à d'autres égards, notamment dans la recherche de plantes comestibles et dans la fabrication de mocassins et de vêtements.

Sacagawea a également contribué à apaiser les soupçons des tribus indiennes qui s'approchaient par sa présence - une femme et un enfant accompagnant un groupe d'hommes indiquaient des intentions pacifiques.

A la mi-août, l'expédition rencontre une bande de Shoshone. Leur chef était Cameahwait, le frère de Sacagawea. Les retrouvailles de Sacagawea et de son frère ont aidé Lewis et Clark à obtenir les chevaux et le guide qui leur ont permis de franchir les Rocheuses.

Sacagawea n'était pas le guide de l'expédition, comme certains l'ont dépeint à tort. Elle a cependant reconnu des points de repère dans le sud-ouest du Montana. Elle a également informé Clark que le col de Bozeman était la meilleure route entre les rivières Missouri et Yellowstone pour leur voyage de retour. Sacagawea et sa famille quittèrent l'expédition lorsqu'ils arrivèrent aux villages Mandan-Hidatsa.

On pense que Sacagawea est morte peu après avoir donné naissance à une fille, Lisette, le 20 décembre 1812, à Fort Manuel, près de ce qui est aujourd'hui Mobridge, S.D. Clark est devenu le tuteur légal de ses deux enfants.

Dans les années qui ont suivi sa mort, Sacagawea est devenue une légende, le sujet de nombreux livres et films. Sacagawea a également été honorée par des monuments, des statues, des timbres-poste américains et une pièce de monnaie en dollars américains. Elle a reçu le titre de sergent honoraire dans l'armée régulière américaine en 2001.

Points forts

- Sacagawea, également orthographié Sacajawea, se traduit par "Femme oiseau".
- Réduite en esclavage et emmenée dans leurs villages de huttes de terre de Knife River, près de l'actuelle ville de Bismarck, dans le Dakota du Nord, elle fut achetée par le commerçant de fourrures canadien-français Toussaint Charbonneau et devint l'une de ses épouses plurielles vers 1804.
- Sacagawea n'était pas le guide de l'expédition, comme certains l'ont dépeint à tort ; néanmoins, elle a reconnu des points de repère dans le sud-ouest du Montana et a informé Clark que le col de Bozeman était la meilleure route entre les rivières Missouri et Yellowstone sur leur chemin de retour.

Questions de recherche

---

1. Qu'est-ce qui rendrait le monde meilleur si plus de gens étaient comme ces femmes intrépides ?

2. Qui est votre super-héroïne préférée ? Et qu'est-ce qui la rend si spéciale ?
3. Quelles sont les meilleures qualités des femmes en général ?

Ruby Bridges (née en 1954)

Militant américain des droits civiques

"Le racisme est une maladie d'adulte, et nous devrions arrêter d'utiliser nos enfants pour la propager."

Une foule venimeuse de racistes blancs a hurlé sur Ruby Bridges, âgée de six ans, alors qu'elle s'approchait de la porte de l'école primaire William Frantz à la Nouvelle-Orléans, en Louisiane, le 14 novembre 1960, son premier jour d'école. Faisant partie des premiers enfants à intégrer les écoles de la Nouvelle-Orléans, Ruby était protégée par quatre marshals fédéraux armés et par sa mère.

L'intégration était enfin arrivée à la Nouvelle-Orléans à la suite d'une décision d'un tribunal fédéral, et les citoyens blancs livides se sont rebellés en traitant un jeune enfant afro-américain avec une haine ancrée dans les préjugés. Ruby Bridges a réagi avec esprit et grâce, devenant un symbole national du mouvement des droits civiques. Bridges a ensuite été immortalisée dans le puissant tableau de Norman Rockwell intitulé The Problem We All Live With.

Née dans la pauvreté le 8 septembre 1954 à Tylertown, Mississippi, Ruby Nell Bridges était l'aînée des huit enfants d'Abon et Lucille Bridges. La spiritualité fait partie intégrante de son éducation. Dès le début, les parents de Ruby lui ont inculqué, ainsi qu'à ses frères et sœurs, l'importance de la prière et de la foi. Lorsque Ruby a quatre ans, sa famille déménage à la Nouvelle-Orléans pour trouver de meilleures opportunités. À l'âge de six ans, Ruby est sélectionnée pour intégrer l'école Frantz. Son père est d'abord opposé à ce qu'elle fréquente une école entièrement blanche, estimant que l'école qu'elle fréquente est suffisamment bonne. Sa mère l'a convaincu qu'ils devaient permettre à Ruby de profiter d'une opportunité d'obtenir une meilleure éducation que la leur. À l'époque, ils n'étaient pas conscients de l'importance de leur décision ni de l'effet qu'elle aurait sur leur fille.

Ruby a passé toute sa première journée d'école dans le bureau du directeur, observant les parents furieux qui entraient dans l'école pour faire sortir leurs enfants. Le deuxième jour d'école de Ruby, Barbara Henry, une jeune enseignante recrutée à Boston, a commencé à lui donner des cours. Toutes deux ont travaillé ensemble dans une salle de classe inoccupée pendant une année entière.

Chaque jour, alors que les marshals l'escortaient jusqu'à l'école, située à quelques rues seulement de chez elle, ils exhortaient Ruby à regarder devant elle pour éviter de voir les insultes racistes griffonnées sur les panneaux ou les visages déformés qui lui crachaient dessus. Au début, Ruby a attribué le bruit et la foule à Mardi Gras. Ce n'est que bien plus tard qu'elle a réalisé qu'elle était le sujet du bruit de la foule.

Vers la fin de l'année scolaire, la foule commence lentement à diminuer et, un par un, les parents ramènent leurs enfants à l'école. Dès l'année scolaire suivante, l'école est intégrée et la fréquentation revient à la normale.

L'histoire de Ruby a servi de base à une série de livres écrits par Robert Coles, pédopsychiatre de renommée internationale et auteur lauréat du prix Pulitzer. Il a étudié les effets des écoles ségrégationnistes sur les enfants et la réaction des enfants au stress extrême et aux crises. Il s'est intéressé à Ruby lorsque, coincé dans un embouteillage provoqué par la foule devant l'école Frantz, il a vu la jeune fille, encadrée par des marshals fédéraux, marcher courageusement vers l'école. Coles a commencé à la conseiller, l'aidant à transformer ses sentiments sur ses expériences en mots et en images.

À l'âge adulte, elle s'est mariée, devenant Ruby Bridges-Hall, et est devenue la mère de quatre garçons. Au cours de sa quarantaine, elle connaît une crise familiale. En 1993, son frère est assassiné et elle devient le parent de ses quatre jeunes filles. Poussée par un sentiment d'utilité, elle a commencé à travailler en tant que liaison avec les parents à l'école Frantz, son ancienne école. Au fil des ans, Frantz est devenue une école entièrement afro-américaine. En 1994, elle a créé la Ruby Bridges Educational Foundation afin d'aider les élèves dans le besoin et d'améliorer les installations scolaires. Elle encourage les parents à s'impliquer dans l'éducation de leurs enfants. En 1995, le Dr Coles a écrit un livre pour les jeunes écoliers intitulé The Story of Ruby Bridges. Bridges a fait le tour du pays pour promouvoir le livre de Coles, et toutes les redevances ont été versées à sa fondation.

En 1996, Ruby Bridges a participé au relais de la flamme olympique, portant la flamme à travers la Nouvelle-Orléans. En 1998, son histoire a été racontée dans un téléfilm de Disney, Ruby Bridges.

Ses mémoires, Through My Eyes, ont été publiées en 1999. La même année, elle a créé la Ruby Bridges Foundation, qui utilise des initiatives éducatives pour promouvoir la tolérance et l'unité parmi les écoliers.

Points forts

- Ruby Bridges, de son vrai nom Ruby Nell Bridges, était l'aînée de huit enfants, née dans la pauvreté dans l'État du Mississippi.
- Sur les six étudiants afro-américains désignés pour intégrer l'école, Bridges est le seul à s'inscrire.
- Le 14 novembre 1960, son premier jour, elle est escortée à l'école par quatre marshals fédéraux.
- Bridges a passé toute la journée dans le bureau du principal, tandis que des parents furieux défilaient dans l'école pour retirer leurs enfants.

Questions de recherche

1. Quelle est votre femme préférée qui vous inspire et vous donne du pouvoir ?
2. À quelle (femme) espérez-vous ressembler en grandissant ?
3. Y a-t-il une femme en particulier qui donne un sens à votre vie chaque jour ?

Greta Thunberg (née en 2003)

Activiste suédois pour le climat

"J'ai appris que vous n'êtes jamais trop petit pour faire la différence."

L'activiste suédoise Greta Thunberg s'est efforcée de lutter contre le problème du réchauffement climatique. Elle a fondé un mouvement connu sous le nom de Fridays for Future (également appelé School Strike for Climate). Thunberg a lancé le mouvement en août 2018 lorsqu'elle a manqué l'école pour s'asseoir devant le parlement suédois avec une pancarte indiquant (en suédois) "School Strike for Climate." Un peu plus d'un an plus tard, en septembre 2019, des millions de manifestants ont défilé lors de grèves pour le climat dans plus de 163 pays.

Greta Tintin Eleonora Ernman Thunberg est née le 3 janvier 2003 à Stockholm, en Suède. Sa mère était chanteuse d'opéra et son père était acteur. Eleonora Thunberg a été diagnostiquée avec le syndrome d'Asperger, qui est maintenant considéré comme un trouble du spectre autistique (TSA). Il se caractérise par des anomalies dans les interactions sociales (comme dans l'autisme classique) mais par une intelligence et un développement du langage normaux. Les personnes atteintes du syndrome d'Asperger ont tendance à se concentrer profondément sur une idée ou un intérêt.

La cause de Greta Thunberg est devenue le changement climatique. Greta Thunberg a découvert le changement climatique à l'âge de huit ans environ. En quelques années, elle a changé ses propres habitudes, devenant végétalienne et refusant de voyager en avion. (Le bétail et les avions émettent tous deux une grande quantité des gaz qui contribuent au réchauffement de la planète).

Dans les semaines précédant les élections suédoises de 2018, Thunberg s'est assise devant le bâtiment du parlement avec sa pancarte. Elle espérait inciter les législateurs à s'attaquer au problème du changement climatique. Le premier jour de la grève, elle était seule, mais chaque jour où elle est revenue, de plus en plus de personnes l'ont rejointe.

Après les élections, Greta Thunberg est retournée à l'école, mais elle séchait toujours les cours le vendredi pour faire grève. Ces journées ont été appelées "Vendredis pour l'avenir". Son action a inspiré des centaines de milliers d'élèves du monde entier à participer à leurs propres Vendredis pour l'avenir. Les élèves ont organisé des grèves dans de nombreux pays, notamment en Belgique, au Canada, aux États-Unis, au Royaume-Uni, en Finlande, au Danemark, en France et aux Pays-Bas.

Peu après le début de sa grève, Greta Thunberg a reçu des invitations pour parler du changement climatique. Elle s'est exprimée lors de divers événements des Nations unies sur le climat, au Forum économique mondial de Davos, en Suisse, et au Parlement européen.

Greta Thunberg a également pris la parole devant les assemblées législatives de l'Italie, de la France, du Royaume-Uni et des États-Unis. Ses discours ont été rassemblés dans un livre et publiés sous le titre No One Is Too Small to Make a Difference (2019). En 2019, le magazine Time a nommé Thunberg l'un de ses leaders de la prochaine génération et sa personne de l'année.

Points forts

- Greta Thunberg, de son vrai nom Greta Tintin Eleonora Ernman Thunberg, a été diagnostiquée avec le syndrome d'Asperger, qui est maintenant considéré comme un trouble du spectre autistique (TSA).
- Outre son action en faveur de l'environnement, Mme Thunberg a contribué à faire connaître le syndrome d'Asperger et à inspirer les personnes atteintes de ce trouble.
- Tout en reconnaissant que le syndrome d'Asperger l'avait gênée à certains égards, elle a également noté ses avantages, en tweetant à un moment donné : "Je suis Asperger et cela signifie que je suis parfois un peu différente de la norme. Et - dans les bonnes circonstances - être différent est un super pouvoir."
- No One Is Too Small to Make a Difference (2019) est un recueil de ses discours.
- Le documentaire I Am Greta est paru en 2020.

Questions de recherche

---

1. Avez-vous une expérience personnelle de femmes qui inspirent les gens ?
2. Décrivez la meilleure femme que vous connaissez et ce qu'elle fait qui inspire les autres ?
3. Quelle est votre définition d'une "femme sans peur" ?

Gertrude Ederle (1905-2003)

Nageur américain

"Les gens disaient que les femmes ne pouvaient pas traverser la Manche à la nage, mais j'ai prouvé qu'elles le pouvaient."

La nageuse américaine Gertrude Ederle a été la première femme à traverser la Manche à la nage, un exploit qu'elle a accompli le 6 août 1926. Elle a terminé la traversée en seulement 14 heures et 31 minutes, battant ainsi le record masculin d'une heure et 59 minutes. Elle y est parvenue malgré une mer agitée qui l'a obligée à nager 35 miles (56 kilomètres) pour couvrir la distance de 21 miles (34 kilomètres).

Gertrude Caroline Ederle est née à New York le 23 octobre 1905. Elle commence à nager en compétition dès son plus jeune âge. En 1922, elle est assez experte pour battre sept records en un après-midi lors d'une rencontre à Brighton Beach, New York.

Aux Jeux olympiques de 1924, Gertrude Ederle a remporté deux médailles de bronze individuelles et une médaille d'or en tant que membre de l'équipe de relais de nage libre. Avant de devenir professionnelle en 1925,

Ederle avait battu un total de 29 records amateurs nationaux et mondiaux différents.

En 1925, Ederle fait sa première tentative, infructueuse, de traverser la Manche à la nage. Sa tentative réussie l'année suivante fait d'elle une célébrité du jour au lendemain, et Ederle part en tournée pendant un certain temps pour présenter des démonstrations de natation. Une blessure à la colonne vertébrale en 1933 l'oblige à porter des plâtres pendant près de quatre ans.

Ederle se remet cependant et nage à nouveau pour le public. Le record qu'elle a établi pour la traversée de la Manche a tenu jusqu'en 1950, date à laquelle il a été battu par Florence Chadwick, une autre nageuse américaine. Ederle est décédée le 30 novembre 2003 à Wyckoff, dans le New Jersey.

Points forts

- Gertrude Ederle, de son vrai nom Gertrude Caroline Ederle, fut la première femme à traverser la Manche à la nage (1925) et l'une des personnalités sportives américaines les plus connues des années 1920.
- Elle est l'une des principales adeptes du crawl à huit temps (huit coups de pied pour chaque coup de bras complet) et détient, entre 1921 et 1925, 29 records nationaux et mondiaux de natation amateur.
- Aux Jeux olympiques de 1924 à Paris, elle fait partie de l'équipe américaine qui remporte une médaille d'or dans le relais 4 × 100 mètres nage libre.
- En 1925, Ederle a tenté sans succès de traverser la Manche à la nage, mais l'année suivante, elle est retournée en France pour essayer à nouveau.
- Ederle, dont l'ouïe a été endommagée de façon permanente lors de son triomphe dans la Manche, est ensuite devenue monitrice de natation pour enfants sourds.
- Gertrude Ederle a été intronisée au Temple international de la renommée de la natation en 1965 et au Women's Sports Hall of Fame en 1980.

Questions de recherche

1. Vous a-t-on déjà dit de faire attention et que le monde était trop dangereux ?
2. Quel est votre film préféré mettant en scène des femmes intrépides ?
3. Que diriez-vous si quelqu'un vous décrivait comme quelqu'un d'intrépide et de grand contre vents et marées ?

Maya Lin (née en 1959)

Sculpteur et architecte américain

"Je n'avais personne avec qui jouer, alors je me suis créé mon propre monde."

Maya Lin est une sculpteure et une architecte américaine. Elle est surtout connue pour avoir conçu le mémorial des vétérans du Vietnam à Washington, D.C., alors qu'elle était encore étudiante. Il a été inauguré en 1982. Son mémorial des droits civiques a été inauguré à Montgomery, en Alabama, en 1989.

Maya Lin est née le 5 octobre 1959 à Athens, dans l'Ohio. Ses parents étaient chinois. Ils ont quitté la Chine avant la prise du pouvoir par les communistes en 1949 et se sont installés dans l'Ohio. Sa mère y enseigne la littérature et son père est le doyen des beaux-arts de l'université de l'Ohio.

Alors qu'elle était étudiante à l'université de Yale, Maya a participé à un concours visant à concevoir un mémorial pour les anciens combattants du Viêt Nam. Son projet a été choisi parmi 1 420 propositions. Il s'agissait d'un mur de granit noir sur lequel étaient inscrits les noms des quelque 58

000 Américains morts pendant la guerre du Viêt Nam ou disparus au combat.

Ce plan minimal contrastait fortement avec le format traditionnel d'un mémorial, qui comprenait généralement une sculpture héroïque. Certains anciens combattants ont protesté, affirmant que son projet n'était pas approprié. La controverse qui s'en est suivie a conduit à l'installation d'une sculpture en bronze réaliste près de l'entrée du site, en plus du mémorial de Lin.

Après avoir obtenu une licence à Yale en 1981, Maya Lin a poursuivi des études supérieures en architecture. Maya Lin a d'abord étudié à Harvard, puis est retournée à Yale. Elle a obtenu une maîtrise et un doctorat à Yale en 1981 et 1986, respectivement.

En 1988, Lin a accepté de concevoir un monument pour le mouvement des droits civiques pour le compte du Southern Poverty Law Center. Son projet se compose de deux éléments : un mur incurvé en granit noir et un grand disque. Sur le mur est inscrite une citation de Martin Luther King, Jr. Le disque porte les dates des principaux événements de l'ère des droits civiques et les noms de 40 personnes mortes en luttant pour cette cause. L'eau coule doucement sur les deux parties du mémorial.

Les autres travaux de Lin vont des petites sculptures et des décors de scène aux grandes installations environnementales. Nombre de ses œuvres s'inspirent des caractéristiques naturelles et des paysages de la Terre. Dans une série de "champs de vagues", par exemple, elle a remodelé un terrain couvert d'herbe pour ressembler aux vagues de l'océan.

Parmi ses autres œuvres de grande envergure, citons une sculpture en pierre à Yale pour commémorer la coéducation et un parc topiaire en Caroline du Nord. Parmi ses projets architecturaux, Lin a conçu la Langston Hughes Library (1999), à Clinton, Tennessee, et le Museum of Chinese in America (2009), à New York.

Le film de Freida Lee Mock et Terry Sanders sur son œuvre, Maya Lin : A Strong, Clear Voice, a remporté l'Oscar du meilleur documentaire en 1994. Maya Lin a reçu la National Medal of Arts en 2009 et la Presidential Medal of Freedom en 2016.

Points forts

- Maya Lin a obtenu une licence en 1981 à l'université de Yale à New Haven, dans le Connecticut, où elle a étudié l'architecture et la sculpture.
- Au cours de sa dernière année d'études, elle a participé à un concours national parrainé par le Vietnam Veterans Memorial Fund afin de concevoir un monument en l'honneur de ceux qui ont servi et sont morts pendant cette guerre.
- La conception primée de Lin consistait en un mur en forme de V en granit noir poli sur lequel étaient inscrits les noms des quelque 58 000 hommes et femmes tués ou disparus au combat.
- Nombre de ses œuvres d'art, qu'il s'agisse de petites sculptures exposées dans des galeries ou de grandes installations environnementales, s'inspirent des caractéristiques naturelles et du paysage de la Terre.

Questions de recherche

---

1. Connaissez-vous quelqu'un qui est resté fidèle à ses rêves, peu importe ce que les autres pensaient ?
2. Avez-vous pris une décision qui allait à l'encontre des normes attendues dans notre société ?
3. Quelle femme célèbre vous a inspiré à être sans peur tout au long de votre vie ?

Jane Goodall (née en 1934)

Primatologue, éthologue et anthropologue britannique

"Le moins que je puisse faire est de parler pour ceux qui ne peuvent pas parler pour eux-mêmes."

L'éthologue britannique Jane Goodall est surtout connue pour ses recherches exceptionnellement détaillées et de longue haleine sur les chimpanzés du parc national de Gombe Stream en Tanzanie. Au fil des ans, elle a pu corriger un certain nombre de malentendus concernant ces animaux.

Goodall est née le 3 avril 1934 à Londres, en Angleterre. Elle s'est intéressée au comportement des animaux dès son plus jeune âge. Après avoir quitté l'école à l'âge de 18 ans, elle a travaillé comme secrétaire et comme assistante de production cinématographique jusqu'à ce qu'elle obtienne un passage en Afrique. Une fois sur place, Goodall a commencé à assister le paléontologue et anthropologue Louis Leakey. Son association avec Leakey l'a conduite à établir, en juin 1960, un camp dans la réserve de gibier de Gombe Stream (aujourd'hui un parc national) afin d'observer le comportement des chimpanzés dans la région.

En 1964, Goodall épousa un photographe néerlandais qui avait été envoyé en 1962 en Tanzanie pour filmer son travail (ils divorcèrent par la suite). L'université de Cambridge lui a décerné un doctorat en éthologie en 1965 ; elle était l'un des rares candidats à recevoir un diplôme de doctorat sans avoir d'abord obtenu une licence. À l'exception de courtes périodes d'absence, Goodall et sa famille sont restés à Gombe jusqu'en 1975, dirigeant souvent les travaux de terrain d'autres doctorants. En 1977, elle a cofondé le Jane Goodall Institute for Wildlife Research, Education, and Conservation en Californie. Le centre a ensuite transféré son siège dans la région de Washington, D.C.. Mme Goodall a également créé diverses autres initiatives, dont Jane Goodall's Roots & Shoots (1991), un programme de service pour les jeunes.

Au cours de ses recherches, Mme Goodall a découvert que les chimpanzés sont omnivores, et non végétariens, et qu'ils sont capables de fabriquer et d'utiliser des outils. Elle a également découvert qu'ils ont un ensemble de comportements sociaux complexes et très développés qui n'étaient pas reconnus par les humains auparavant.

Points forts

- Jane Goodall, de son vrai nom, s'est intéressée au comportement des animaux dès son plus jeune âge et a quitté l'école à 18 ans.
- Elle a travaillé comme secrétaire et comme assistante de production de films jusqu'à ce qu'elle parvienne à se rendre en Afrique. Une fois sur place, Goodall a commencé à assister le paléontologue et anthropologue Louis Leakey.
- En 1965, l'université de Cambridge a décerné à Mme Goodall un doctorat en éthologie ; elle était l'un des très rares candidats à recevoir un doctorat sans avoir d'abord obtenu une licence.
- Goodall a écrit un certain nombre de livres et d'articles sur divers aspects de son travail, notamment In the Shadow of Man (1971).

- Mme Goodall a continué à écrire et à donner des conférences sur les questions d'environnement et de conservation jusqu'au début du 21e siècle.

Questions de recherche

---

1. Quand avez-vous rencontré pour la première fois des modèles féminins forts, comme votre mère ou votre professeur ?
2. Quelles sont les femmes que vous admirez le plus ? Quelles sont les qualités qui vous les rappellent ?
3. Pouvez-vous penser à l'histoire d'une femme qui vous inspire ?

Mary Seacole (1805-1881)

Infirmière et héroïne de la guerre de Crimée

"Si je ne suis pas autorisé à raconter l'histoire de ma vie à ma façon, je ne peux pas la raconter du tout."

L'infirmière jamaïcaine Mary Seacole a soigné les soldats britanniques sur le champ de bataille pendant la guerre de Crimée (1853-1856). Les remèdes de Seacole contre le choléra et la dysenterie étaient particulièrement appréciés.

Mary Jane Grant est née en 1805 à Kingston, en Jamaïque. Son père était un soldat écossais et sa mère une Jamaïcaine noire libre qui connaissait bien la médecine traditionnelle. En 1836, Grant épouse Edwin Horatio Seacole et, au cours de leurs voyages aux Bahamas, en Haïti et à Cuba, elle acquiert des connaissances supplémentaires sur les médicaments et les traitements locaux.

Après la mort de son mari en 1844, Seacole acquit une nouvelle expérience d'infirmière lors d'une épidémie de choléra au Panama. De retour en Jamaïque, Mary Seacole s'occupe des victimes de la fièvre jaune, dont beaucoup sont des soldats britanniques.

Seacole se trouvait à Londres, en Angleterre, en 1854, lorsqu'elle entendit parler du manque de fournitures et de soins infirmiers pour les soldats de la guerre de Crimée. Malgré son expérience, ses propositions d'être envoyée au front pour aider sont refusées ; elle attribue son rejet aux préjugés raciaux.

En 1855, Mary Seacole s'est rendue en Crimée (aujourd'hui en Ukraine), où elle a ouvert le British Hotel pour vendre de la nourriture, des fournitures et des médicaments aux troupes. Elle aidait les blessés dans les hôpitaux militaires et les victimes sur le front. À la fin de la guerre, Mary Seacole est rentrée en Angleterre, pauvre et malade.

En 1857, l'autobiographie de Seacole, Wonderful Adventures of Mrs. Seacole in Many Lands, est publiée et devient un best-seller. Des fonds sont collectés en reconnaissance de sa contribution en Crimée, et elle reçoit des décorations de France, d'Angleterre et de Turquie. Mary Seacole meurt le 14 mai 1881 à Londres.

Points forts

- En 1836, Mary Grant épouse Edwin Horatio Seacole, et au cours de leurs voyages aux Bahamas, en Haïti et à Cuba, elle approfondit ses connaissances des médicaments et des traitements locaux.
- Après la mort de son mari en 1844, elle acquiert une nouvelle expérience d'infirmière lors d'une épidémie de choléra au Panama et, après son retour en Jamaïque, elle soigne les victimes de la fièvre jaune, dont beaucoup sont des soldats britanniques.
- Malgré son expérience, ses offres de service en tant qu'infirmière de l'armée sont refusées, et elle attribue ce refus aux préjugés raciaux.
- En 1855, avec l'aide d'un parent de son mari, elle se rend en Crimée en tant que sutler, mettant en place le British Hotel pour

vendre de la nourriture, des fournitures et des médicaments aux troupes.

Questions de recherche

---

1. Quel est le dernier conseil que ta mère t'a donné avant que tu ne partes pour l'école ou le travail ?
2. Y a-t-il des femmes dans l'histoire qui vous inspirent à poursuivre ou à faire quelque chose d'extraordinaire ?
3. Quelle est la meilleure chose qu'une femme puisse faire dans les moments difficiles ?

Jane Austen (1775-1817)

Romancier anglais

"Je dois apprendre à me contenter d'être plus heureux que je ne le mérite."

En dépeignant des personnes ordinaires dans la vie quotidienne, Jane Austen a donné au genre du roman son caractère moderne. Elle a commencé à écrire très tôt. À 15 ans, Jane Austen écrivait des pièces de théâtre et des sketches pour amuser sa famille, et à 21 ans, elle avait commencé à écrire des romans qui comptent parmi les meilleurs de la littérature anglaise.

Jane Austen est née le 16 décembre 1775, dans le presbytère de Steventon, un village du Hampshire, en Angleterre. Elle avait six frères et une sœur. Son père, le révérend George Austen, était recteur du village.

Bien qu'elle et sa sœur aient brièvement fréquenté plusieurs écoles différentes, Jane a été éduquée principalement par son père, qui enseignait à ses propres enfants et à plusieurs élèves qui étaient pensionnaires de la famille.

Son père prit sa retraite lorsque Jane Austen avait 25 ans. À cette époque, ses frères, dont deux devinrent plus tard des amiraux, avaient déjà leur propre carrière et leur propre famille. Jane, sa sœur Cassandra et leurs parents allèrent vivre à Bath. Après la mort du père en 1805, la famille vécut temporairement à Southampton avant de s'installer définitivement à Chawton.

Tous les romans de Jane Austen sont des histoires d'amour. Cependant, ni Jane ni sa sœur ne se sont jamais mariées. Il y a des allusions à deux ou trois romances dans la vie de Jane, mais on en sait peu, car Cassandra a détruit toutes les lettres à caractère personnel après la mort de Jane. Les frères avaient des familles nombreuses et Jane était très appréciée de ses neveux et nièces.

Jane Austen a écrit deux romans avant l'âge de 22 ans. Elle les a ensuite révisés et publiés sous le titre Sense and Sensibility (1811) et Pride and Prejudice (1813). Elle a terminé son troisième roman, Northanger Abbey, à l'âge de 27 ou 28 ans, mais il n'a été publié qu'après sa mort.

Jane Austen a écrit trois autres romans à la fin de sa trentaine : Mansfield Park (1814), Emma (1816) et Persuasion (publié en même temps que Northanger Abbey en 1818).

Austen a écrit sur le monde qu'elle connaissait. Ses romans dépeignent la vie de la gentry et du clergé de l'Angleterre rurale, et ils se déroulent dans les villages et les quartiers de la campagne, avec une visite occasionnelle à Bath et à Londres. Son monde était petit, mais Jane Austen le voyait clairement et le dépeignait avec esprit et détachement. Elle décrivait son écriture comme "le petit morceau (de deux pouces de large) d'ivoire sur lequel je travaille avec un pinceau si fin qu'il produit peu d'effet après beaucoup de travail".

Jane Austen est morte le 18 juillet 1817, après une longue maladie. Elle a passé les dernières semaines de sa vie à Winchester, près de son médecin, et est enterrée dans la cathédrale de cette ville.

Points forts

- Le premier de ses romans publiés de son vivant, Sense and Sensibility, avait été commencé vers 1795 sous la forme d'un roman en lettres intitulé "Elinor and Marianne", du nom de ses héroïnes. Entre-temps, en 1811, Austen avait commencé Mansfield Park, qui fut terminé en 1813 et publié en 1814.
- De tous les romans d'Austen, Emma est celui dont le ton est le plus systématiquement comique.
- La popularité durable des livres d'Austen se reflète dans les nombreuses adaptations cinématographiques et télévisuelles de son œuvre.
- Orgueil et préjugés a notamment été adapté en film en 1940 avec Greer Garson et Laurence Olivier, en mini-série (1995) avec Jennifer Ehle et Colin Firth, et en film (2005) avec Keira Knightley et Matthew Macfadyen.

Questions de recherche

---

1. Quelles sont vos femmes préférées en littérature ?
2. Que diriez-vous à une femme qui pense ne pas être suffisante ?
3. Quel conseil donneriez-vous aux filles du monde entier pour qu'elles n'aient pas peur et atteignent leurs objectifs ?

Coco Chanel (1883-1971)

Créateur de mode français

"L'acte le plus courageux est encore de penser par soi-même. A haute voix."

La créatrice de mode française Coco Chanel a dirigé le monde de la haute couture à Paris, en France, pendant près de six décennies. Ses créations élégamment décontractées ont inspiré les femmes à abandonner les vêtements compliqués et inconfortables - tels que les jupons et les corsets - qui étaient courants au XIXe siècle. Parmi ses innovations désormais classiques figurent le tailleur sans col, le pantalon à clochettes, les bijoux fantaisie et la "petite robe noire".

Gabrielle Bonheur Chanel est née le 19 août 1883 à Saumur, en France. Après la mort de sa mère, alors que Chanel est encore jeune, son père la place dans un orphelinat. Après avoir brièvement travaillé comme vendeuse, Coco Chanel a chanté pendant quelques années dans un café.

En 1913, Coco Chanel a ouvert une minuscule boutique de chapellerie à Deauville, en France. Elle y vend également des vêtements de sport simples, tels que des pulls en jersey. En l'espace de cinq ans, ses créations ont attiré l'attention des femmes fortunées qui cherchaient à se libérer des styles contraignants en vigueur.

Les vêtements de Coco Chanel mettent l'accent sur la simplicité et le confort et révolutionnent l'industrie de la mode. À la fin des années 1920, les industries Chanel employaient 3 500 personnes et comprenaient une maison de couture, une entreprise textile, des laboratoires de parfumerie et un atelier de fabrication de bijoux fantaisie.

Une grande partie de l'empire de Chanel tourne autour de Chanel n° 5, le parfum qu'elle a lancé en 1922. Le parfum, une combinaison de jasmin et de plusieurs autres senteurs florales, était plus complexe et mystérieux que les parfums monospécifiques alors sur le marché.

Le fait que Chanel ait été la première grande créatrice de mode à lancer un parfum et qu'elle ait utilisé un flacon simple et élégant a également contribué au succès de la fragrance. Un partenariat avec les hommes d'affaires qui produisaient et commercialisaient son parfum ne lui laissait qu'un petit pourcentage des royalties. Malgré une série de procès, Coco Chanel ne parvient pas à reprendre le contrôle de son parfum fétiche.

Chanel a fermé sa maison de couture en 1939, au début de la Seconde Guerre mondiale, mais est revenue en 1954. Après sa mort le 10 janvier 1971 à Paris, sa maison de couture a été dirigée par une série de créateurs différents. Cette situation s'est stabilisée en 1983, lorsque Karl Lagerfeld est devenu le créateur en chef.

Points forts

- Coco Chanel est née dans la pauvreté, dans la campagne française ; sa mère est morte et son père l'a abandonnée dans un orphelinat.
- Les créations élégamment décontractées de Coco Chanel ont inspiré les femmes de la mode à abandonner les vêtements compliqués et inconfortables - tels que les jupons et les corsets - qui prévalaient dans l'habillement du XIXe siècle.

- Après sa mort en 1971, la maison de couture Chanel a été dirigée par une série de designers, le mandat de Karl Lagerfeld (1983-2019) étant le plus long et le plus influent.
- La compréhension avisée de Chanel des besoins des femmes en matière de mode, son ambition entreprenante et les aspects romantiques de sa vie - son ascension des haillons à la richesse et ses aventures amoureuses sensationnelles - ont continué à inspirer de nombreux livres biographiques, films et pièces de théâtre, notamment la comédie musicale Coco, jouée à Broadway en 1970 par Katharine Hepburn.

Questions de recherche

---

1. Quel est le meilleur souvenir que vous ayez d'une femme qui était extraordinaire ?
2. Qui a été votre plus grand modèle en grandissant, et pourquoi ?
3. Avez-vous vécu une expérience où l'opinion de quelqu'un comptait plus que la vôtre, en raison de son sexe, de la couleur de sa peau ou d'un autre élément qui pourrait le faire paraître "moins humain" ?

Frida Kahlo (1907-1954)

Peintre mexicain

"Je ne peins pas des rêves ou des cauchemars, je peins ma propre réalité."

La peintre mexicaine Frida Kahlo a créé des autoportraits aux couleurs intenses et brillantes, peints dans un style primitiviste. Elle s'est inspirée de son héritage mexicain et a incorporé des symboles indigènes et religieux dans ses œuvres. Frida Kahlo a épousé à deux reprises l'artiste Diego Rivera, qui a encouragé et influencé sa peinture.

Magdalena Carmen Frida Kahlo y Calderón est née le 6 juillet 1907 à Coyoacán, au Mexique. À l'exception de la formation artistique de base qu'elle a reçue dans le studio de photographie de son père et des deux cours qu'elle a suivis pendant ses études, elle a été autodidacte en tant qu'artiste.

En 1925, Frida Kahlo a été victime d'un accident de bus qui l'a si gravement blessée qu'elle a dû subir quelque trois douzaines d'opérations. Pendant sa lente convalescence, Kahlo commence à peindre. Elle montre ses premiers travaux à Rivera, qu'elle avait rencontré quelques années auparavant, et celui-ci l'encourage à continuer à peindre.

Près de la moitié des œuvres de Frida Kahlo sont des autoportraits, dans lesquels elle explore son identité en tant que femme, en tant que Mexicaine et en tant qu'artiste. En raison de ses problèmes médicaux permanents, les portraits la représentent souvent dans une situation d'agonie physique.

Après son mariage avec Rivera en 1929, elle a voyagé avec lui pendant quelques années aux États-Unis, où il avait reçu des commandes pour plusieurs peintures murales. Son séjour aux États-Unis a renforcé son nationalisme mexicain et, après son retour au Mexique, Frida Kahlo a continué à défendre l'identité et la culture nationales mexicaines.

Frida Kahlo était politiquement active en tant que communiste et a donné refuge au dirigeant soviétique en exil Leon Trotsky à la fin des années 1930. La relation de Kahlo et Rivera était intense, complexe et tendue par de nombreuses infidélités. Ils se séparent en 1939 mais se remarient en 1941.

En 1938, Kahlo a rencontré André Breton, un surréaliste de premier plan, qui a soutenu son travail. Breton et Marcel Duchamp ont tous deux joué un rôle important dans l'organisation de certaines des expositions de ses œuvres aux États-Unis et en Europe. Bien que Kahlo ait été identifiée comme une surréaliste, elle a renié cette étiquette.

En 1943, Frida Kahlo est nommée professeur de peinture à La Esmeralda, l'école des beaux-arts du ministère de l'Éducation. Après avoir souffert d'une mauvaise santé pendant des années à cause de son accident, Frida Kahlo meurt le 13 juillet 1954 à Coyoacán.

Le Journal de Frida Kahlo, qui couvre les années 1944-54, et les Lettres de Frida Kahlo ont tous deux été publiés en 1995. Frida, un film sur sa vie, est sorti en 2002, avec l'actrice mexicaine Salma Hayek dans le rôle de Kahlo.

Points forts

- Frida Kahlo, de son vrai nom Frida Kahlo de Rivera, est née d'un père allemand d'origine hongroise et d'une mère mexicaine d'origine espagnole et amérindienne.
- Après avoir subi une fausse couche à Détroit et plus tard la mort de sa mère, Kahlo a peint certaines de ses œuvres les plus déchirantes.
- En 1943, elle est nommée professeur de peinture à La Esmeralda, l'école des beaux-arts du ministère de l'éducation.
- Le musée Frida Kahlo a ouvert au public en 1958, un an après la mort de Rivera.

Questions de recherche

---

1. Que pensez-vous du fait de devoir respecter les stéréotypes et les normes au quotidien en tant que fille ou femme ?
2. Quels conseils donneriez-vous aux jeunes filles qui veulent atteindre leurs objectifs, mais qui se sentent intimidées par les personnes qui les entourent ?
3. Selon vous, quelle femme a été la plus courageuse dans l'histoire ?

Mary Anning (1799-1847)

Collectionneur de fossiles, marchand et paléontologue britannique.

"Il est grand et lourd mais... c'est le premier et le seul découvert en Europe."

On attribue à la prolifique chasseuse de fossiles et anatomiste amateur anglaise Mary Anning la découverte de plusieurs spécimens de dinosaures qui ont contribué aux premiers développements de la paléontologie. Ses fouilles ont également favorisé la carrière de nombreux scientifiques britanniques en leur fournissant des spécimens à étudier et en encadrant une partie importante de l'histoire géologique de la Terre.

Certains scientifiques notent que les fossiles récupérés par Mary Anning pourraient également avoir contribué, en partie, à la théorie de l'évolution avancée par le naturaliste anglais Charles Darwin.

Mary Anning est née le 21 mai 1799 à Lyme Regis, dans le Dorset, en Angleterre. Elle était l'un des deux enfants survivants de Richard Anning, ébéniste et collectionneur amateur de fossiles, et de sa femme, Mary Moore. La famille tirait ses revenus de la vente de fossiles collectés sur les falaises de bord de mer près de leur maison, le long de la côte de la Manche en Angleterre.

Après la mort de Richard en 1810, la famille a principalement compté sur la charité. Mary Anning, son frère Joseph et leur mère, qui étaient eux-mêmes d'habiles collectionneurs de fossiles, complétèrent leurs maigres ressources en vendant des fossiles d'invertébrés, tels que des ammonoïdes et des bélemnoïdes, à des collectionneurs et des chercheurs.

En 1817, les fossiles ont attiré l'attention d'un collectionneur britannique de fossiles, le lieutenant-colonel Thomas Birch, qui a aidé financièrement la famille en achetant un certain nombre de spécimens. Plus tard, il a vendu sa collection aux enchères et a fait don du produit de la vente à la famille Anning pendant une période particulièrement désespérée de leur vie.

Au cours de sa vie, Mary Anning a également découvert les restes de plusieurs grands vertébrés enfouis dans les falaises de Lyme Regis. Les falaises, qui datent de la fin du Trias au début du Jurassique (il y a environ 229 millions à 176 millions d'années), une époque où la région était submergée et située plus près de l'équateur, contiennent des calcaires et des schistes riches en fossiles de la formation Blue Lias.

En 1810, son frère a trouvé le premier spécimen connu d'Ichthyosaurus ; cependant, c'est Mary Anning qui l'a déterré, et certaines sources lui attribuent également le mérite de la découverte. Le médecin britannique Everard Home a décrit le spécimen peu après dans une série d'articles.

Sa découverte la plus célèbre a eu lieu en 1824, lorsqu'elle a mis au jour le premier squelette intact d'un plésiosaure. Le spécimen était si grand et si bien conservé qu'il a attiré l'attention du zoologiste français Georges Cuvier, qui a douté de la découverte jusqu'à ce qu'il voie les dessins du spécimen dans un article du géologue et paléontologue anglais William Daniel Conybeare.

Après que Cuvier ait authentifié la découverte, la communauté scientifique a commencé à reconnaître la valeur paléontologique des fossiles récupérés par Anning et sa famille.

Les nouvelles des fouilles de fossiles de Mary Anning ont fait d'elle une célébrité et ont incité les paléontologues, les collectionneurs et les touristes à descendre à Lyme Regis pour lui acheter des objets. Mary Anning a ensuite récupéré d'autres squelettes d'Ichthyosaurus et de plésiosaurus dans les falaises. En 1828, elle a mis au jour un ptérosaure, connu sous le nom de Pterodactylus (ou Dimorphodon) macronyx. C'était le premier spécimen de ptérosaure trouvé en dehors de l'Allemagne.

En 1829, Mary Anning a exhumé le squelette de Squaloraja, un poisson fossile que l'on pensait être membre d'un groupe de transition entre les requins et les raies.

Anning a appris seule la géologie, l'anatomie, la paléontologie et l'illustration scientifique. Malgré son manque de formation scientifique formelle, ses découvertes, sa connaissance de la région et son aptitude à classer les fossiles sur le terrain lui ont valu une réputation parmi les hommes de la paléontologie, essentiellement issus de la classe supérieure.

Ses expéditions de chasse ultérieures incluaient parfois des scientifiques célèbres de l'époque, notamment le géologue et ministre britannique William Buckland et l'anatomiste et paléontologue britannique Richard Owen, qui a proposé le terme Dinosauria en 1842. Anning correspondait également avec d'autres scientifiques de premier plan, tels que Cuvier et le géologue anglais Adam Sedgwick, et leur vendait des fossiles.

Néanmoins, Anning ne s'est pas vu attribuer tout le mérite de la plupart des fossiles qu'elle a découverts. Les collectionneurs donnant des spécimens aux institutions avaient tendance à être crédités de leur découverte.

Parmi les nombreux spécimens que Mary Anning a trouvés et récupérés, plusieurs ont été décrits dans des revues prestigieuses sans même que son nom soit mentionné. Cependant, certains scientifiques célèbres de l'époque, comme le géologue britannique Henry De la Beche et le paléontologue britannique Gideon Mantell, l'ont citée dans leurs travaux.

Vers la fin de sa vie, Anning percevait des rentes de la British Association for the Advancement of Science et de la Geological Society of London, qui avaient été créées en reconnaissance de ses contributions à la science. Après sa mort, le président de la Geological Society a fait son éloge dans son discours annuel, même si les premières femmes n'ont été admises dans l'organisation qu'en 1904.

En 2010, Mary Anning a été reconnue par la Royal Society comme l'une des 10 femmes scientifiques les plus influentes de l'histoire britannique. Mary Anning est morte le 9 mars 1847, à Lyme Regis.

Points forts

- Mary Anning était une prolifique chasseuse de fossiles et anatomiste amateur anglaise à qui l'on doit la découverte de plusieurs spécimens de dinosaures qui ont contribué aux premiers développements de la paléontologie.
- Les nouvelles des fouilles de fossiles d'Anning ont fait d'elle une célébrité et ont incité les paléontologues, les collectionneurs et les touristes à descendre à Lyme Regis pour lui acheter des produits.
- Mary Anning a mis au jour un ptérosaure en 1828, connu sous le nom de Pterodactylus (ou Dimorphodon) macronyx. Il s'agit du premier spécimen de ptérosaure découvert en dehors de l'Allemagne.
- En 1829, elle a déterré le squelette de Squaloraja, un poisson fossile que l'on pense être un membre d'un groupe de transition entre les requins et les raies.
- Ses fouilles ont contribué à la carrière de nombreux scientifiques britanniques en leur fournissant des spécimens à étudier et en encadrant une partie importante de l'histoire géologique de la Terre.

Questions de recherche

---

1. Quel conseil vous a été précieux dans votre vie ?

2. Si vous deviez faire un discours aux gens sur la façon dont vous avez vaincu la peur, que diriez-vous ?
3. Quelles sont les personnes qui ont eu un impact profond sur notre société grâce à leurs réalisations intrépides et en apportant courageusement des changements importants dans le monde qui les entoure ?

Amelia Earhart (1897-1937)

Aviateur américain

"Les femmes doivent essayer de faire les choses comme les hommes ont essayé. Lorsqu'elles échouent, leur échec ne doit être qu'un défi pour les autres."

Amelia Earhart a été la première femme - et la deuxième personne - à traverser l'océan Atlantique en solo. Sa disparition lors d'un vol autour du monde en 1937 est restée un mystère jusqu'au 21e siècle.

Amelia Mary Earhart est née le 24 juillet 1897 à Atchison, au Kansas. Son père était un avocat spécialisé dans les chemins de fer, et sa mère venait d'une famille aisée. Enfant, Earhart est aventureuse et indépendante.

Après la mort de ses grands-parents, la famille connaît des difficultés financières et déménage souvent. Amelia Earhart a terminé ses études secondaires à Chicago, Illinois, en 1916. Après que sa mère ait reçu son héritage, Earhart a fréquenté l'école pour filles Ogontz à Rydal, en Pennsylvanie. Cependant, lors d'une visite à sa sœur au Canada, elle s'intéresse aux soins des soldats blessés pendant la Première Guerre mondiale. En 1918, elle quitte l'école pour devenir aide-infirmière à Toronto, en Ontario.

Après la guerre, elle s'inscrit au programme de prémédication de l'Université Columbia à New York, New York. Amelia Earhart part en 1920 après que ses parents aient insisté pour qu'elle vive avec eux en Californie. La même année, elle a fait son premier vol en avion.

Cette expérience l'a incitée à prendre des leçons de vol. En 1921, Amelia Earhart a acheté son premier avion, un Kinner Airster. Deux ans plus tard, elle obtient son brevet de pilote. Au milieu des années 1920, Amelia Earhart déménage au Massachusetts, où elle devient travailleuse sociale pour les immigrants à Boston. Earhart continue également à s'intéresser à l'aviation.

À la fin des années 1920, des promoteurs ont cherché à faire traverser l'océan Atlantique en avion à une femme. En avril 1928, Earhart a été sélectionnée pour le vol. Le 17 juin, elle a quitté Trepassey, Terre-Neuve, Canada, comme passagère d'un hydravion. (Wilmer Stultz et Louis Gordon étaient les pilotes).

Après avoir atterri à Burry Port, au Pays de Galles, le 18 juin, Earhart est devenue une célébrité internationale. Amelia Earhart a écrit sur le vol dans 20 Hrs. 40 Min. (1928) et a donné des conférences partout aux États-Unis.

L'éditeur George Palmer Putnam avait aidé à organiser le vol historique et s'était occupé de la publicité. Le couple s'est marié en 1931, mais Earhart a poursuivi sa carrière sous son nom de jeune fille. Cette année-là, Earhart a également piloté un autogiro (une première forme d'hélicoptère) à une altitude record de 18 415 pieds (5 613 mètres).

Les 20 et 21 mai 1932, Earhart a effectué un vol solo à travers l'Atlantique dans son avion Lockheed Vega. Elle est partie de Harbour Grace, à Terre-Neuve, et est arrivée à Londonderry, en Irlande du Nord. Earhart a terminé le vol en un temps record de 14 heures et 56 minutes, malgré un certain nombre de problèmes.

Amelia Earhart a notamment connu des difficultés mécaniques et du mauvais temps et n'a pu atterrir à sa destination prévue, Paris, en France. Elle publie ensuite The Fun of It (1932), dans lequel elle raconte sa vie et son intérêt pour l'aviation. Earhart entreprend ensuite une série de vols à travers les États-Unis.

Amelia Earhart s'est beaucoup intéressée au développement de l'aviation commerciale et a joué un rôle actif pour ouvrir ce domaine aux femmes. Pendant un certain temps, Earhart a été vice-présidente de Ludington Airlines, qui a exploité l'un des premiers services réguliers de transport de passagers entre New York et Washington.

En 1929, Amelia Earhart a participé à la fondation d'une organisation de femmes pilotes, connue plus tard sous le nom de Ninety-Nines. Earhart en a été la première présidente. En outre, elle a lancé une ligne de vêtements pour femmes en 1933.

En 1935, Amelia Earhart est entrée dans l'histoire en effectuant le premier vol en solo entre Hawaï et la Californie. La route hasardeuse était longue de 3 875 kilomètres (2 408 miles), une distance plus longue que celle des États-Unis à l'Europe.

Amelia Earhart a quitté Honolulu le 11 janvier et a atterri à Oakland le jour suivant. Le vol a duré 17 heures et 7 minutes. Plus tard cette année-là, elle est devenue la première personne à voler en solo de Los Angeles, en Californie, à Mexico, au Mexique.

En 1937, Earhart a entrepris de faire le tour du monde en avion, un voyage de 29 000 milles (47 000 kilomètres). Fred Noonan était son navigateur, et ils volaient dans un Lockheed Electra bimoteur. Le 1er juin, l'équipe est partie de Miami, en Floride, en direction de l'est. Au cours des semaines suivantes, ils ont fait plusieurs arrêts pour se ravitailler en carburant. Ils ont finalement atteint Lae, en Nouvelle-Guinée, le 29 juin. À ce moment-là, ils avaient parcouru quelque 35 000 kilomètres.

Amelia Earhart et Noonan ont quitté la Nouvelle-Guinée le 2 juillet et se sont dirigés vers l'île Howland, située à environ 2 600 milles (4 200 kilomètres). Le minuscule atoll corallien était difficile à localiser, alors deux navires américains brillamment éclairés étaient postés pour marquer la route.

Amelia Earhart était également en contact radio avec l'Itasca, un garde-côte américain près de Howland. Vers la fin du voyage, Earhart a signalé par radio que l'avion commençait à manquer de carburant. Environ une heure plus tard, elle a annoncé : "Nous allons vers le nord et le sud." Ce fut la dernière transmission reçue par l'Itasca.

Le personnel de soutien croyait que l'avion s'était écrasé à environ 100 milles (160 kilomètres) de l'île. Des recherches approfondies ont été entreprises pour retrouver Earhart et Noonan. Cependant, le 19 juillet 1937, l'opération a été interrompue, et le couple a été déclaré perdu en mer.

Tout au long du voyage, Amelia Earhart avait envoyé à son mari divers documents, dont des lettres et des extraits de journal intime. Ceux-ci ont été publiés dans Last Flight (1937).

La disparition mystérieuse d'Earhart a captivé l'imagination du public et a donné lieu à de nombreuses théories et revendications. Certains croyaient qu'Earhart et Noonan s'étaient écrasés sur une autre île après avoir échoué à localiser Howland. D'autres ont suggéré que les Japonais les avaient capturés. Toutefois, aucune preuve concluante n'a été trouvée pour étayer ces affirmations.

La plupart des experts croient que l'avion d'Earhart s'est écrasé dans le Pacifique près de Howland après être tombé en panne de carburant. Amelia Earhart est devenue le sujet de nombreux livres et films.

Points forts

- Déterminée à justifier la renommée que sa traversée de 1928 lui avait apportée, Earhart traverse l'Atlantique seule les 20 et 21 mai 1932.
- Son vol à bord de son Lockheed Vega de Harbour Grace, Terre-Neuve, à Londonderry, Irlande du Nord, a été effectué en un temps record de 14 heures 56 minutes malgré un certain nombre de problèmes.
- La disparition d'Amelia Earhart lors d'un vol autour du monde en 1937 est devenue un mystère durable, alimentant de nombreuses spéculations. Notamment, certains croyaient qu'elle et Noonan

s'étaient écrasés sur une autre île après avoir échoué à localiser Howland, et d'autres affirmaient qu'ils avaient été capturés par les Japonais.

- La plupart des experts croient que l'avion d'Earhart s'est écrasé dans le Pacifique près de Howland après être tombé en panne de carburant.

Questions

---

1. Quelles sont les trois qualités qui composent une héroïne féminine ?
2. Si vous deviez parler à votre meilleur ami d'une femme ou d'une fille inspirante, qui serait-ce et pourquoi ?
3. Comment définirais-tu le "girl power" ?

Emmeline Pankhurst (1858-1928)

Activiste politique britannique

"Je préfère être un rebelle qu'un esclave."

Emmeline Pankhurst, militante britannique du droit de vote, s'est battue pendant 40 ans pour obtenir l'égalité des droits de vote pour les hommes et les femmes en Angleterre. Sa fille Christabel Harriette Pankhurst (1880-1958) a également joué un rôle important dans le mouvement pour le droit de vote des femmes.

Emmeline Goulden est née le 14 juillet 1858 à Manchester, en Angleterre. Elle a épousé Richard Marsden Pankhurst en 1879. Il était un avocat éminent et l'auteur du premier projet de loi sur le suffrage féminin en Grande-Bretagne et des lois sur les biens des femmes mariées de 1870 et 1882. En 1889, elle a fondé la Women's Franchise League, qui a obtenu pour les femmes mariées le droit de voter aux élections locales.

À partir de 1895, Emmeline Pankhurst occupe une succession de postes municipaux à Manchester. C'est là qu'en 1903, Pankhurst a cofondé avec Christabel la Women's Social and Political Union (WSPU). L'organisation attire l'attention deux ans plus tard lorsque Christabel et une autre membre, Annie Kenney, sont arrêtées pour agression contre la police et, après avoir refusé de payer les amendes, sont envoyées en prison.

À partir de 1906, Emmeline Pankhurst dirige les activités de la WSPU depuis Londres. Pankhurst pense que le gouvernement libéral au pouvoir empêche le suffrage féminin et fait donc campagne contre les candidats du parti lors des élections. Ses partisans se joignent à la lutte en interrompant les réunions des ministres. En 1908-09, Pankhurst a été emprisonnée à trois reprises. Elle a déclaré une trêve en 1910, mais celle-ci a été rompue lorsque le gouvernement a bloqué un projet de loi de "conciliation" sur le suffrage féminin.

À partir de juillet 1912, la WSPU se tourne vers un militantisme extrême, principalement sous la forme d'incendies criminels dirigés par Christabel depuis Paris, où elle s'était rendue pour éviter d'être arrêtée pour conspiration. Emmeline Pankhurst elle-même a été arrêtée, libérée et ré-arrêtée 12 fois en l'espace d'un an, en vertu d'une loi qui permettait aux prisonniers grévistes de la faim d'être libérés pendant un certain temps pour se refaire une santé avant d'être réincarcérés.

Lorsque la Première Guerre mondiale a éclaté en 1914, elle et Christabel ont mis fin à la campagne pour le droit de vote, et le gouvernement a libéré tous les prisonniers suffragistes. L'autobiographie d'Emmeline Pankhurst, My Own Story, a été publiée la même année.

Avant la guerre, Pankhurst avait fait trois voyages aux États-Unis pour donner des conférences sur le suffrage féminin. Elle y est retournée pendant les années de guerre, visitant les États-Unis, le Canada et la Russie pour encourager la mobilisation industrielle des femmes.

Emmeline Pankhurst a vécu aux États-Unis, au Canada et aux Bermudes jusqu'en 1926, date à laquelle elle est retournée en Angleterre. Là, Pankhurst est choisie comme candidate conservatrice pour une circonscription de l'est de Londres, mais sa santé se dégrade avant qu'elle puisse être élue. La loi sur la représentation du peuple de 1928, qui accorde le même suffrage aux hommes et aux femmes, est adoptée quelques semaines après sa mort, survenue le 14 juin 1928 à Londres.

Points forts

- En 1879, Emmeline Goulden épouse Richard Marsden Pankhurst, avocat, ami de John Stuart Mill et auteur du premier projet de loi sur le suffrage féminin en Grande-Bretagne (fin des années 1860) et des lois sur les biens des femmes mariées (1870, 1882).
- Elle a fondé la Women's Franchise League, qui a obtenu (1894) pour les femmes mariées le droit de voter aux élections locales (mais pas à la Chambre des communes).
- À partir de 1895, elle occupe une succession de postes municipaux à Manchester, mais son énergie est de plus en plus sollicitée par la Women's Social and Political Union (WSPU), qu'elle fonde en 1903 à Manchester.
- En 1926, de retour en Angleterre, elle est choisie comme candidate conservatrice pour une circonscription de l'est de Londres, mais sa santé se dégrade avant qu'elle puisse être élue.
- L'autobiographie de Pankhurst, My Own Story, est parue en 1914.

Questions de recherche

---

1. Qu'est-ce qu'un film inspirant avec un protagoniste féminin qui fait preuve de courage, de bravoure et qui est vraiment digne d'admiration ?
2. Parlez-nous d'un moment particulièrement difficile que vous avez dû endurer et comment cela s'est-il passé ?
3. Quelle femme mérite le plus d'attention pour être intelligente, intrépide et puissante ?

Anne Frank (1929-1945)

Journaliste germano-néerlandais

"Comme c'est merveilleux que personne ne doive attendre un seul instant avant de commencer à améliorer le monde."

Anne Frank, l'une des victimes juives les plus célèbres de l'Holocauste, a écrit l'un des récits les plus marquants de la vie juive pendant la Seconde Guerre mondiale. Bien que le journal d'Anne ne soit pas directement lié à l'Holocauste, ses lecteurs ont fait connaissance avec l'une des millions de victimes juives de la persécution nazie, et l'immense horreur et la tragédie de l'Holocauste se sont transformées en un événement personnel.

Anne (Annelies) Marie Frank est née le 12 juin 1929 à Francfort, en Allemagne, d'Otto et Edith Frank, tous deux issus de familles juives allemandes respectées.

Anne Frank et sa sœur aînée Margot ont grandi dans une Allemagne de plus en plus hostile aux Juifs, et cette hostilité s'est aggravée lorsque le parti national-socialiste anti-juif dirigé par Adolf Hitler est arrivé au pouvoir en 1933.

Constatant que la situation des Juifs en Allemagne devient périlleuse, Otto Frank se rend aux Pays-Bas pour créer une succursale de la société de son frère, la Dutch Opekta Company, dans la ville d'Amsterdam.

La famille d'Otto Frank le rejoint peu après et, au milieu des années 1930, les Frank s'installent dans une existence relativement heureuse, sans être persécutés pour leur héritage juif. Anne Frank s'est rapidement adaptée à la vie dans ce nouveau pays et a noué de nombreuses amitiés avec des enfants juifs et non juifs.

En 1939, la paix précaire qui régnait en Europe a volé en éclats lorsque les forces militaires allemandes ont commencé à envahir d'autres pays européens. La Seconde Guerre mondiale était commencée. En mai 1940, les Pays-Bas se rendent à l'Allemagne et sont rapidement soumis à l'occupation allemande.

Les Pays-Bas ne peuvent plus protéger leur population juive de la persécution nazie et l'administration nazie d'occupation émet des décrets anti-juifs de plus en plus sévères pour isoler les Juifs du reste de la population néerlandaise. Tous les Juifs devaient enregistrer leurs entreprises et les céder ensuite à des non-Juifs.

Otto Frank confie son commerce à ses collègues non-juifs, Victor Kugler et Johannes Kleiman. En 1941, Anne et Margot n'ont plus le droit d'aller à l'école avec des non-Juifs. En 1942, tous les Juifs âgés de 6 ans et plus sont tenus de porter une étoile de David jaune sur leurs vêtements pour les marquer comme Juifs. Bientôt, les Juifs néerlandais sont raflés et déportés au camp de prisonniers de Westerbork, dans le nord des Pays-Bas.

Pendant ce temps, Otto Frank prépare les étages supérieurs de l'annexe arrière rattachée à son bureau pour en faire un lieu secret où sa famille pourra se cacher des officiels et des sympathisants nazis et échapper à la déportation vers les camps de prisonniers de travail.

Il avait sollicité l'aide de Kugler et Kleiman ainsi que des employés de bureau Miep Gies, Jan Gies et Bep Voskuijl pour les aider à se cacher pendant l'occupation nazie. Lorsque Margot reçut un avis de déportation le 5 juillet 1942, la famille se cacha immédiatement. Les Franks furent rejoints une semaine plus tard par Hermann van Pels, l'associé juif d'Otto, sa femme Auguste et leur fils Peter, et en novembre, par Fritz Pfeffer.

À travers l'agitation sociale de l'occupation nazie, Anne Frank a essayé de poursuivre sa vie comme si de rien n'était, mais elle a vivement ressenti la discrimination et l'isolement imposés à elle-même et aux autres Juifs. Lorsque les parents d'Anne ont offert à la jeune fille solitaire un journal intime pour son 13e anniversaire, elle a été ravie et a commencé à y écrire immédiatement.

Ce journal, qu'elle a appelé Kitty, allait devenir l'un des mémoires les plus poignants de la vie juive pendant la Seconde Guerre mondiale dans l'Europe occupée.

Pendant plus de deux ans, les personnes cachées dans l'annexe ont partagé un espace confiné et vécu dans la crainte constante d'être repérées par les nazis. Une bibliothèque à charnières était tout ce qui séparait les occupants de l'annexe du monde extérieur, et c'est par cette porte que Miep et Bep transmettaient les maigres vivres et les nouvelles aux huit personnes.

Malgré les désagréments, ils ont essayé de mener une vie aussi normale que possible. Pour Anne, Margot et Peter, cela signifiait étudier et faire leurs devoirs. Au cours de ses années de clandestinité, Anne Frank est passée du statut de jeune fille à celui d'adolescente d'une profondeur et d'une complexité peu communes, et son journal intime est devenu son meilleur ami et son confident.

Anne Frank a décrit les hauts et les bas de la vie quotidienne dans la clandestinité. Elle était franche à l'égard des autres et exceptionnellement honnête sur les changements survenus en elle. Elle a écrit certaines des notes de son journal sous forme de petites histoires, et a réécrit une grande partie de son journal de mars à août 1944 après avoir appris, lors d'une émission de la radio libre néerlandaise, que son journal pouvait présenter un intérêt historique pour d'autres personnes.

Les entrées du journal dépeignent l'adolescente Anne comme une jeune fille intelligente et libre d'esprit, qui s'intéresse aux garçons et au cinéma, qui reste optimiste et ose faire des rêves fascinants malgré sa réclusion éprouvante.

Au fur et à mesure que l'année 1944 avance, les occupants de l'annexe espèrent de plus en plus que la défaite des puissances de l'Axe est proche, et rêvent de retrouver une vie normale. Mais le 4 août 1944, un policier nazi et plusieurs collaborateurs néerlandais ont fait une descente dans l'annexe après avoir reçu un tuyau d'un informateur. Les résidents de l'annexe secrète sont arrêtés et envoyés à Westerbork ; un mois plus tard, ils se trouvent dans le dernier transport à quitter Westerbork pour le camp de concentration d'Auschwitz en Pologne. Mme Frank est morte de faim à Auschwitz.

En octobre, Anne et Margot Frank sont transportées d'Auschwitz au camp de concentration de Bergen-Belsen, dans le nord-ouest de l'Allemagne. Là, les deux sœurs contractent rapidement le typhus et meurent à quelques semaines d'intervalle en mars 1945, un mois avant la libération du camp par les troupes alliées. Otto Frank est le seul résident de l'annexe à avoir survécu à l'Holocauste.

Les carnets d'Anne ont été trouvés éparpillés sur le sol de la cachette vide par Miep Gies et Bep Voskuijl après la rafle. Miep a gardé le journal dans l'espoir de le rendre à son propriétaire, mais elle l'a donné à Otto lorsqu'elle a appris la mort d'Anne. Suite à la suggestion d'amis, Otto décide de publier le journal d'Anne, et en 1947, le journal - sous le titre Het Achterhuis (L'annexe secrète, le titre qu'Anne avait choisi elle-même) - est publié aux Pays-Bas. Par la suite, le journal a été traduit dans plus de 55 langues (titre en anglais : The Diary of a Young Girl) et est devenu l'un des livres les plus lus au monde.

La popularité et la résonance émotionnelle du journal d'Anne Frank ont même conduit à des interprétations dramatiques des événements relatés dans le journal. Une production théâtrale à succès de la pièce lauréate du prix Pulitzer, Le journal d'Anne Frank, a été créée en 1955, et une adaptation cinématographique de la pièce est sortie en 1959.

En 1957, alors que la démolition de l'annexe secrète était imminente, un certain nombre de citoyens éminents d'Amsterdam ont créé la Fondation Anne Frank afin de préserver l'annexe située au Prinsengracht 263. Celle-ci a été transformée en un musée connu sous le nom de Maison d'Anne Frank.

À l'occasion du 50e anniversaire de sa mort, Anne Frank a fait l'objet d'un regain d'attention de la part du public. L'Anne Frank Educational Trust a lancé la réalisation d'un film pour commémorer sa vie et sa mort. Le résultat fut le documentaire Anne Frank Remembered (1995), primé par l'Académie, qui raconte l'histoire de la famille Frank et présente un portrait tridimensionnel d'Anne à travers des interviews d'amis et de camarades de classe d'Anne Frank et des images d'archives jamais vues auparavant.

En 1995, une édition définitive du journal d'Anne Frank, comprenant des extraits laissés de côté dans la version originale, a été publiée par Doubleday. L'intérêt continu du public pour la vie et la mort tragique d'Anne Frank témoigne de son héritage durable d'espoir et d'humanité face à la peur et au mal.

Points forts

- Le 12 juin 1942, Anne Frank, de son vrai nom Annelies Marie Frank, reçoit pour son 13e anniversaire un journal à carreaux rouges et blancs.
- Des amis qui ont fouillé la cachette après la capture de la famille ont ensuite donné à Otto Frank les papiers laissés par la Gestapo.
- Parmi eux, il a trouvé le journal d'Anne, qui a été publié sous le titre Anne Frank : le journal d'une jeune fille (initialement en néerlandais, 1947).
- Le Journal, qui a été traduit dans plus de 65 langues, est le journal le plus lu de l'Holocauste, et Anne est probablement la plus connue des victimes de l'Holocauste.
- Le Journal a également été transformé en une pièce de théâtre qui a été créée à Broadway en octobre 1955 et qui a remporté en 1956 le Tony Award de la meilleure pièce et le prix Pulitzer du meilleur drame.

Questions de recherche

---

1. Quelles sont les femmes inspirantes qui sont sous-estimées dans l'histoire ?
2. Nommez une femme qui a été courageuse et intrépide pour faire ce qu'elle pensait être juste (pardonnez l'époque actuelle pour le manque de justice).
3. Quelles sont les qualités qui font de quelqu'un une femme badass de par le monde ?

Votre cadeau

Vous avez un livre dans les mains.

Ce n'est pas n'importe quel livre, c'est un livre de Student Press Books ! Nous écrivons sur les héros noirs, les femmes qui prennent le pouvoir, la mythologie, la philosophie, l'histoire et d'autres sujets intéressants !

Puisque vous avez acheté un livre, nous voulons que vous en ayez un autre gratuitement.

Tout ce dont vous avez besoin, c'est d'une adresse électronique et de la possibilité de vous abonner à notre newsletter (ce qui signifie que vous pouvez vous désabonner à tout moment).

Alors, qu'attendez-vous ? Inscrivez-vous dès aujourd'hui et recevez votre livre gratuit instantanément ! Tout ce que vous avez à faire est de visiter le lien ci-dessous et d'entrer votre adresse e-mail. Vous recevrez immédiatement le lien pour télécharger la version PDF du livre afin de pouvoir le lire hors ligne à tout moment.

Et ne vous inquiétez pas, il n'y a pas d'attrape ou de frais cachés, juste un bon vieux cadeau de notre part ici à Student Press Books.

Visitez ce lien dès maintenant et inscrivez-vous pour recevoir votre exemplaire gratuit de l'un de nos livres !

Lien : **https://campsite.bio/studentpressbooks**

Livres

Nos livres sont disponibles chez tous les principaux détaillants de livres en ligne. Découvrez les packs numériques (bundle) de nos livres ici : https://payhip.com/studentPressBooksFR

La série de livres sur l'Histoire des Noirs.

Bienvenue dans la série de livres sur l'Histoire des Noirs. Découvrez des personnalités Noires exemplaires grâce à ces biographies inspirantes de pionniers d'Amérique, d'Afrique et d'Europe. Nous savons tous que l'Histoire des Noirs est importante, mais il peut être difficile de trouver de bonnes ressources.

Beaucoup d'entre nous connaissent personnages principaux de la culture populaire et des livres d'Histoire, mais nos livres présentent également des héros et héroïnes Noirs moins connus du monde entier, mais dont les histoires méritent d'être racontées. Ces livres de biographies vous aideront à mieux comprendre comment les souffrances et les actions de ces personnes ont façonné leurs pays respectifs et leurs communautés, pour les générations à venir.

Titres disponibles :

1. 21 personnalités noires inspirantes : La vie de personnages historiques du XXe siècle : Martin Luther King Jr., Malcom X, Bob Marley et autres
2. 21 femmes noires exceptionnelles : L'histoire de femmes noires importantes du XXe siècle : Daisy Bates, Maya Angelou et bien d'autres

La série de livres Émancipation des femmes.

Bienvenue dans la série de livres Émancipation des femmes. Découvrez des figures féminines courageuses des temps modernes grâce à ces biographies inspirantes de pionnières du monde entier. L'émancipation des femmes est un sujet important qui mérite plus d'attention qu'il n'en reçoit. Pendant des siècles, on a dit aux femmes que leur place était à la maison, mais cela n'a jamais été vrai pour toutes les femmes, ni même pour la plupart d'entre elles.

Les femmes sont encore sous-représentées dans les livres d'histoire, et celles qui s'y font une place doivent généralement se contenter de quelques pages. Pourtant, l'Histoire regorge de récits de femmes fortes, intelligentes et indépendantes qui ont surmonté des obstacles et changé le cours des choses simplement parce qu'elles voulaient vivre leur propre vie.

Ces livres biographiques vous inspireront tout en vous donnant de précieuses leçons sur la persévérance et le dépassement face à l'adversité ! Apprenez de ces exemples que tout est possible si vous y mettez du vôtre !

Titres disponibles :

1. 21 Femmes d'exception : La vie de combattantes pour la liberté qui ont repoussé les frontières : Angela Davis, Marie Curie, Jane Goodall et bien d'autres
2. 21 femmes inspirantes : la vie de femmes courageuses et influentes du XXe siècle : Kamala Harris, Mère Teresa et bien d'autres
3. 21 femmes extraordinaires : Les vies exemplaires des femmes artistes et créatrices du XXe siècle : Madonna, Yayoi Kusama et bien d'autres
4. 21 femmes de génie : Les vies déterminantes de femmes scientifiques pionnières au XXe siècle

La série de livres Les dirigeants du monde.

Bienvenue dans la série de livres sur les dirigeants du monde. Découvrez des personnages royaux et présidentiels, emblématiques du Royaume-Uni, des États-Unis et d'autres pays. Grâce à ces biographies inspirantes de membres de la famille royale, de présidents et de chefs d'État, vous apprendrez à connaître les personnes courageuses qui ont osé prendre le pouvoir, avec notamment leurs citations, leurs photos et des faits rares.

Les gens sont fascinés par l'histoire et la politique et par ceux qui les ont écrites. Ces livres offrent des perspectives nouvelles sur la vie de personnalités remarquables. Cette série est parfaite pour tous ceux qui veulent en savoir plus sur les grands dirigeants de notre monde ; les jeunes lecteurs ambitieux et les adultes qui aiment se documenter sur des personnages importants.

Titres disponibles :

1. Les 11 familles royales britanniques : La biographie de la famille de la Maison Windsor : La Reine Elizabeth II et le Prince Philip, Harry et Meghan et bien d'autres
2. Les 46 présidents des États-Unis : Leur histoire, leur réussite et leur héritage : de George Washington à Joe Biden
3. Les 46 présidents des États-Unis : Leur histoire, leur réussite et leur héritage — Édition augmentée : de George Washington à Joe Biden

La série de livres Une mythologie passionnante.

Bienvenue dans la série de livres Une mythologie passionnante. Découvrez les dieux et déesses d'Égypte et de Grèce, les divinités nordiques et d'autres créatures mythologiques.

Qui sont ces anciens dieux et déesses ? Que savons-nous d'eux ? Qui étaient-ils vraiment ? Pourquoi les gens les vénéraient-ils dans les temps anciens, et d'où venaient-ils ?

Ces livres offrent des perspectives nouvelles sur les dieux anciens, qui inviteront les lecteurs à réfléchir à leur place dans la société et à s'intéresser plus encore à l'Histoire. Ces livres sur la mythologie abordent également des sujets qui l'ont influencée, tels que la religion, la littérature et l'art, dans un format attrayant avec des photos ou des illustrations accrocheuses.

Titres disponibles :

1. L'Égypte ancienne : Un guide des mystérieux dieux et déesses de l'Égypte ancienne : Amon-Râ, Osiris, Anubis, Horus et bien d'autres
2. La Grèce antique : Un guide des dieux, déesses, divinités, titans et héros de la Grèce classique : Zeus, Poséidon, Apollon et plus encore
3. Anciens contes nordiques : Découvrez les dieux, déesses et géants de la mythologie des Vikings : Odin, Loki, Thor, Freya et plus encore

La série de livres Les grandes théories expliquées.

Bienvenue dans la série de livres **Les grandes théories expliquées**. Découvrez la philosophie, les idées des anciens philosophes et d'autres théories intéressantes. Ces livres réunissent les biographies et les idées des philosophes les plus célèbres de régions telles que la Grèce et la Chine antiques.

La philosophie est un sujet complexe, et de nombreuses personnes ont du mal à en comprendre ne serait ce que les bases. Ces livres sont conçus pour vous aider à en savoir plus sur la philosophie, ils sont uniques en raison de leur approche simple. Il n'a jamais été aussi facile et amusant d'acquérir une meilleure compréhension de la philosophie qu'avec ces livres. En outre, chaque livre comprend des questions afin que vous puissiez approfondir vos propres pensées et opinions !

Titres disponibles :

1. Philosophie grecque : La vie et les idées des philosophes de la Grèce antique : Socrate, Platon, Pythagore et bien d'autres
2. Éthique et morale : Philosophie morale, bioéthique, défis médicaux et autres idées éthiques

La série de livres Inspiration des futurs entrepreneurs.

Bienvenue dans la série de livres **Inspiration des futurs entrepreneurs**. Il n'est jamais trop tôt pour que les jeunes ambitieux commencent leur carrière ! Que vous ayez l'esprit d'entreprise et que vous cherchiez à bâtir votre propre empire, ou que vous soyez un entrepreneur en herbe qui commence à emprunter une route longue et ardue, ces livres vous inspireront grâce aux histoires d'hommes d'affaires qui ont réussi.

Découvrez leurs vies, leurs échecs et leurs réussites qui vous donneront envie de prendre le contrôle de votre existence au lieu de simplement la regarder passer !

Titres disponibles :

1. 21 entrepreneurs à succès : La vie des grands fondateurs du XXe siècle : Elon Musk, Steve Jobs et bien d'autres
2. 21 entrepreneurs révolutionnaires : Les vies incroyables des hommes d'affaires du XIXe siècle : Henry Ford, Thomas Edison et bien d'autres

La série de livres L'Histoire facile.

Bienvenue dans la série de livres L'Histoire facile. Explorez divers sujets historiques, de l'âge de pierre jusqu'à l'époque moderne, ainsi que les idées et les personnages marquants qui ont traversé les âges.

Ces livres sont un excellent moyen d'éveiller votre intérêt pour l'histoire. Les manuels scolaires, secs et ennuyeux, rebutent souvent les lecteurs, car ils aiment les histoires de gens ordinaires qui ont changé le monde. Ces livres vous donnent l'opportunité de les découvrir tout en vous fournissant les informations historiques importantes.

Titres disponibles :

1. La Première Guerre mondiale : La Première Guerre mondiale, ses grandes batailles, les personnages et les forces en présence
2. La Deuxième Guerre mondiale : L'Histoire de la Seconde Guerre mondiale, Hitler, Mussolini, Churchill et autres personnages clés

3. L'Holocauste : Les Nazis, la montée de l'antisémitisme, la Nuit de Cristal et les camps de concentration d'Auschwitz et de Bergen-Belsen.
4. La Révolution française : L'Ancien Régime, Napoléon Bonaparte, la Révolution française, les guerres napoléoniennes et de Vendée

Nos livres sont disponibles chez tous les principaux détaillants de livres en ligne. Découvrez les packs numériques (bundle) de nos livres ici : https://payhip.com/studentPressBooksFR

Conclusion

Nous espérons sincèrement que la lecture de ce livre aura été à la fois un plaisir et une source d'enrichissement. Nous sommes certains que les histoires de Marie Curie et d'Anne Frank seront une source d'inspiration pour toute votre vie !

Les 21 femmes présentées dans ce livre sont véritablement exceptionnelles. Elles ont toutes fait face à l'adversité et l'ont surmontée avec grâce, dignité, intelligence, humour — et j'en passe ! Peut-être que leurs accomplissements ne vous toucheront pas directement dans votre vie, mais les leçons qu'elles nous donnent sur la persévérance sont une invitation à travailler plus dur pour atteindre vos objectifs.

Nous espérons que vous avez apprécié la lecture de ces biographies. Partagez notre collection de livres avec quelqu'un qui a besoin d'un regain de confiance en soi ou de courage aujourd'hui, en même temps que vous peut-être ?

Relisez régulièrement ce livre, afin de trouver à chaque fois une nouvelle inspiration !

Avez-vous aimé cette lecture éducative ? Qu'en avez-vous pensé ? Faites-le-nous savoir avec un beau commentaire sur ce livre !

Nous en serions ravis, alors n'oubliez pas d'en laisser un !

www.ingramcontent.com/pod-product-compliance
Ingram Content Group UK Ltd.
Pitfield, Milton Keynes, MK11 3LW, UK
UKHW022014190726
13853UKWH00005B/1917